U0623071

2021

建设管理研究

Construction Management Research

《建设管理研究》编委会　主编

重庆大学出版社

图书在版编目（CIP）数据

建设管理研究. 第四辑／《建设管理研究》编委会

主编. -- 重庆：重庆大学出版社，2021.12

ISBN 978-7-5689-2985-1

Ⅰ. ①建… Ⅱ. ①建… Ⅲ. ①工程项目管理—研究

Ⅳ. ①F284

中国版本图书馆 CIP 数据核字（2021）第 266926 号

建设管理研究（第四辑）

JIANSHE GUANLI YANJIU

《建设管理研究》编委会　主　编

策划编辑：陈　力　林青山

责任编辑：张红梅　　版式设计：林青山

责任校对：谢　芳　责任印制：赵　晟

*

重庆大学出版社出版发行

出版人：饶帮华

社址：重庆市沙坪坝区大学城西路 21 号

邮编：401331

电话：（023）88617190　88617185（中小学）

传真：（023）88617186　88617166

网址：http://www.cqup.com.cn

邮箱：fxk@ cqup.com.cn（营销中心）

全国新华书店经销

印刷：重庆升光电力印务有限公司

*

开本：787mm×1092mm　1/16　印张：9.25　字数：152千

2021 年 12 月第 1 版　　2021 年 12 月第 1 次印刷

ISBN 978-7-5689-2985-1　定价：40.00 元

本书如有印刷、装订等质量问题，本社负责调换

版权所有，请勿擅自翻印和用本书

制作各类出版物及配套用书，违者必究

编委会
Editorial board

主　　编:刘贵文　申立银

执行主编:蔡伟光　叶　贵

编　　辑:曾德珩(重庆大学)　袁红平(广州大学)　彭　毅(浙江财经大学)

　　　　杨　宇(重庆大学)　王　林(重庆大学)　毛　超(重庆大学)

编 委 会:成　虎(东南大学)　　　　　　　邓小鹏(东南大学)

　　　　方东平(清华大学)　　　　　　　冯长春(北京大学)

　　　　洪　桔(北京建筑工程学院)　　　乐　云(同济大学)

　　　　卢新海(华中师范大学)　　　　　李德智(东南大学)

　　　　李启明(东南大学)　　　　　　　李忠富(大连理工大学)

　　　　李志林(香港理工大学)　　　　　刘伊生(北京交通大学)

　　　　吕伟生(香港大学)　　　　　　　刘晓君(西安建筑科技大学)

　　　　刘洪玉(清华大学)　　　　　　　谭永涛(皇家墨尔本理工大学)

　　　　沈岐平(香港理工大学)　　　　　王家远(深圳大学)

　　　　王守清(清华大学)　　　　　　　王雪青(天津大学)

　　　　王要武(哈尔滨工业大学)　　　　吴宇哲(浙江大学)

　　　　吴次芳(浙江大学)　　　　　　　孙成双(北京建筑大学)

　　　　施　骞(同济大学)　　　　　　　杨东朗(西安交通大学)

　　　　薛小龙(哈尔滨工业大学)　　　　俞明轩(中国人民大学)

　　　　张　红(清华大学)　　　　　　　尹贻林(天津理工大学)

　　　　张晓玲(香港城市大学)　　　　　张爱玲(新加坡国立大学)

　　　　赵振宇(华北电力大学)　　　　　张智慧(清华大学)

　　　　曾赛星(上海交通大学)　　　　　张仕廉(重庆大学)

　　　　左　剑(阿德莱德大学)　　　　　朱　庆(西南交通大学)

　　　　冯迎宾(西悉尼大学)　　　　　　刘俊颖(天津大学)

　　　　郑　盛(浙江大学)　　　　　　　袁竞峰(东南大学)

　　　　卢昱杰(新加坡国立大学)　　　　郭红领(清华大学)

　　　　金若愚(布莱顿大学)

前 言

Foreword

我国城市化进程与重大工程建设对拉动内需、增加就业、服务民生、促进经济社会协调发展、推动实施创新驱动发展国家战略都具有重要意义,同时也对建设管理与房地产业的发展创新提出了更大的挑战。面对全球城市建设蓬勃发展的时代,以工程建设领域为范畴的研究备受全球学者关注。现代工程不仅涉及重要的科技问题,同时也涉及组织问题、社会问题和经济问题,是需要多学科协同解决的复杂问题。这迫切需要相关的学术平台进行传播,提供相关理论和研究成果供学者和业界专家进行交流、学习。由重庆大学管理科学与房地产学院、中华建设管理研究会组织的《建设管理研究》以崇尚科学、注重创新、关注学术前沿、促进国内外学术交流为目标,成为展示全球建设领域的管理、经济、法律等方面的理论研究和实践应用的最新成果的重要载体平台,促进了国内外学者在建设、社会和环境等多学科上的合作与协作,提升了我国建设管理领域的科学研究水平,引导、鼓励、支持和推动了建设管理知识的探索和创新。

《建设管理研究》以建设管理领域及相关学科的理论和应用研究成果为主要内容,涵盖建设项目规划与设计管理、工程(质量、安全、工期、成本、环境、风险)管理、可持续建设、城乡规划、城市建设与管理、国际工程管理、建设工程法律与政策、建筑与房地产合同管理、建筑与房地产人力资源管理、信息技术应用、工程项目采购管理、建筑与房地产财务管理、建筑与房地产企业竞争力和竞争策略、基础设施项目管理、大型和复杂工程项目管理等方面的内容。本次共收录论文 10 篇,其中论坛综述 1 篇,建设管理 2 篇,区域经济 2 篇,城市发展与土地利用 2 篇,可持续城镇化 3 篇。

　　值本书付梓之际,感谢各方面专家学者满怀热情地参与本书编辑、指导和推广工作,为本书提供难得的智力支持和发展氛围,感谢各位作者分享他们的研究成果,感谢审稿专家对稿件提出的建设性意见,感谢编辑部同仁与重庆大学出版社编辑们,他们的高效工作最终使本书得以和读者见面。

2021 年 12 月 15 日

目 录
Contents

"放管服"背景下建管电子政务
公众满意度实证研究
——基于重庆市的调查

曾德珩[1]，黄　琴[1]，董茜月[1]

（1.重庆大学 管理科学与房地产学院，重庆 400044）

摘　要：在"放管服"背景下，全国各省市积极利用电子政务平台，推进工程建设项目行政审批改革。政务服务满意度是评价改革绩效的重要指标。本文从用户体验角度构建了建管电子政务服务系统评价指标体系，采用问卷调查收集数据，确定各级指标权重分布，并以重庆市建管电子政务服务为评价对象进行实证分析。研究发现，现阶段重庆市建管电子政务在网上信息公布方面发展已经成熟，但网上政务办理存在较大问题。最后，根据分析结果就重庆市建管电子政务发展提出相关改进意见。

关键词：建管电子政务；用户体验；指标体系；服务评价

中图分类号：D63　　　　　　　　　　**文献标识码**：J

Public Satisfaction of E-government Service
Under the Background of
Deregulation, Regulation & Service Reform
—Taking Chongqing as an Example

ZENG Deheng[1], HUANG Qin[1], DONG Xiyue[1]

（1. School of Management Science and Real Estate, Chongqing University,

Chongqing 400044, China）

Abstract：Under the background of "distribution service", all provinces and cities across the country actively use the e-government platform to promote the administrative examination and approval reform of engineering construction projects. Government service satisfaction is an important issue in evaluating reform performance. We constructed evaluation index system of the e-government service system from the perspective of user experience, collected data by questionnaire survey, determined the distribution of weights of indicators at all levels, and conducted empirical analysis with Chongqing CBX e-government service as the evaluation object. We found that the development of online e-government in Chongqing has matured in online information disclosure, but there are major problems in the handling of online government affairs. Therefore, based on the analysis results, we proposed relevant improvements on the development of e-government in Chongqing.

Key words: building management e-government; user experience; indicator system; service evaluation

0 引　言

2016 年国务院相继出台了《关于加快推进"互联网+政务服务"工作的指导意见》和《"互联网+政务服务"技术体系建设指南》等重要政策文件,使得以互联网为载体的电子政务服务成为政府治理网络的重要组成部分。建设行政管理(下文简称"建管")领域,在已建成的覆盖全国"四库一平台"系统基础上,各省市结合国务院 2018 年《关于开展工程建设项目审批制度改革试点的通知》的要求,利用"互联网+"在审批流程、服务体系、监督管理等方面,对建管电子政务进行了积极的探索。电子政务建设的意义在于得到公众的认可,并为公众解决实际问题。因此,立足公众"满意度"的视角,能够更客观、更科学地对建管电子政务改革成效进行评价,为进一步提高其政务信息服务水平、推进电子政务发展提供借鉴。

1 文献综述

自 20 世纪 90 年代电子政务产生以来,国内外学者对电子政务进行了多方面研究。其中,在电子政务服务质量评价方面,采用的主要评价工具包括

E-GOVQUAL模型、E-GSQA 模型和黑恩模型。此外,有学者在识别了电子政务技术、结果和功能、过程等质量要素的基础上,引入了卡诺模型,从测评方式和研究角度出发,构建了包括政府、网站和公众 3 个维度的电子政务服务质量评价模型。服务满意度是电子政务服务质量评价的重要组成。Kim 等人提出了E-GOV-ACSI测量模型;Osman 等人基于用户使用满意度提出了 COBRA 模型;Accenture 咨询公司基于满意度理论对发达国家政府在线发展水平以及客户关系管理研究测评;美国PRM 模型突破对网站单一的测评,提出了对整个电子政务绩效评价的体系;Alfadli整合信息技术、政治、社会和文化等方面,提出了以公民为中心的电子政务服务评价模型。在中国,陆敬筠引入了卡诺模型;国家行政学院电子政务研究中心以用户"获得感"为中心,强调电子政务为公众带来的便捷与满意程度;刘红丽则借鉴企业管理中的供应链理论,提出了包含信息化建设、政务协同程度、网站质量和公众直接满意度 4 个维度的电子政务服务质量评价框架;闫培宁基于层次分析法(AHP)与过程结果模型,强调用户利益和需求的满足,从易用性、有用性和服务效果对电子政务服务结果进行评价;国脉互联也侧重于用户体验对 22 个城市的政务服务 App 和第三方服务平台进行评价。

综上所述,国内外在其质量评价以及满意度评价方面已有一定的研究成果,但以上研究均针对国家或地区整个电子政务平台,对聚焦某一专门政务领域或某一政府职能部门的评价研究尚为缺乏。建管电子政务作为目前国内行政改革与电子政务创新的重点领域,具备研究价值。因此,本文将在前人的研究基础上,兼顾建设情况和用户体验构建适用于建筑行业的电子政务评价体系,采用改进后的层次分析法与聚类分析法相结合的方式确定个体和群组指标权重分布,以重庆市电子政务平台为实证对象展开研究。

2 基于用户满意度的评价模型建立

2.1 评价对象解释

建管电子政务是指在建筑与房地产领域,应用信息技术手段,由建设行政主管部门主导,为提高行政效率、提升政务服务水平开展的电子政务活动。从基础设施建设来看,建管电子政务系统包括内网和外网两部分,内网为政府内部沟通部分,外网为政府与用户互动部分；从搭建平台方式来看，建管电子政务包括行政大厅式、企业平台式、社会参与式 3 种。其中行政大厅式包括线下大厅服务与线上服务（政府网站、手机 App、智能终端等）；企业平台式是依托现有互联网平台服务的微信小程序、支付宝平台等；社会参与式的典型例子是"粤省事"、"渝快办"、上海"市民云 App"、"一网通办"等微信小程序，使社会公众都成为政府服务的享有者与参与者。

本文评价对象为建管电子政务外网，且主要针对线上行政服务大厅的平台搭建。另外，现有对电子政务评价的研究内容主要包括电子政务效益、建设环境与服务水平 3 类，但考虑到电子政务的基础设施、制度体系等是用户平时难以接触的领域，故本文的评价内容限定为用户能够具体感受到的政务服务效果，即自然人、法人对网上政务服务的服务质量、友好程度、服务水平与服务能力的认知。

2.2 指标体系构建

建管电子政务系统的建设是为实现建筑与房地产领域的专项服务功能，因此指标构建需结合政务网站普遍功能与建管部门职能特点。在符合我国建筑业信息化建设的方针政策、指标综合可操作的前提下，结合建筑业特点的设置原则，根据《政府网站发展指引》与《建设指南》的指导以及对北京市、上海市、浙江省等典型省市住房和城乡建设委员会电子政务系统的功能结构剖析，认为需要重点考察网站与 App 页面设计情况、运行稳定程度、入口便捷度、信息发布及时性、建管电子政务事务可办理的深度和广度等因素，构建包括电子政务网站共性指标和建管电子政务个性指标的指标体系。该体系包括一般信息公开、网站环境、功能推广、电子参与、行业信息发布、网上政务办理 6 个一级指标。

其中，一般信息公开、网站环境、功能推广、电子参与为通用指标，行业信息发布、网上政务办理为行业特定指标。一般信息公开指政府网站依据相关指引和条例在信息方面应公开的内容；网站环境指能够提高用户网站体验感的内容；功能推广指运用新兴技术手段、多渠道手段来提高行业电子政务使用率的内容；电子参与是发展新趋势，指公众能利用信息通信技术，参与政府决策、实施等环节的内容；行业信息发布指具有建筑行业特色的信息发布；网上政务办理指用户可以通过线上行政大厅办理的事项。

对总目标层细化分解得到 16 个二级指标和 60 个三级指标。"一般信息公开"子目标层内容根据《中华人民共和国政府信息公开条例》和《住房和城乡建设部政府信息公开指南》确定;"网站环境""功能推广"均考虑内外两部分建设情况;"电子参与"考虑其建设深度与效度;"行业信息发布"按从业主体确定;"网上政务办理"按职能对象确定。三级指标参照《中华人民共和国政府信息公开条例》《政府网站发展指引(附:网页设计规范)》《中国城市电子政务发展报告(2019—2020)》和国内各电子政务评估报告等资料中的各条目。具体一、二级指标体系见表 1。

表 1 建管电子政务服务评价一、二级指标体系

一级指标	二级指标
一般信息公开 A1	基本信息 B1
	重点信息 B2
	个性化推送 B3①
网站环境 A2	网站建设 B4
	政务服务事项 B5
功能推广 A3	应用功能 B6
	传播合力 B7
电子参与 A4	电子参与成熟度 B8
	电子参与用户体验 B9
行业信息发布 A5	从业企业信息发布 B10
	从业人员信息发布 B11
	项目信息发布 B12
网上政务办理 A6	建设项目类 B13
	法人类 B14
	个人类 B15
	房屋管理 B16②

2.3 权重确定方法

对于指标权重的确定,一、二级指标与三级指标采用的方法不同。出于一、二

---

① "个性化推送"指网站或 App 主动根据用户潜在需求进行信息推送。
② "网上政务办理"下设"房屋管理"是考虑到除行业从业人员以外,也面向普通大众,如防汛与白蚁治理、房屋租赁等,是普通公众可能需要在网上进行办理的事项。

级指标难以量化且指标数量较少的考虑,选择以问卷调查的方式来收集数据;对于三级指标来说,问卷填写工作量大且各省市的建设水平差异大,因此不适合采用问卷调查法和定量构权法中的熵权法。综合以上考虑,对一、二级指标权重采用改进后的层次分析法确定;三级指标则基于规范和已经成熟的各个指标体系设定具体评分项,以各三级指标的评分准则为依据,根据其满分标准对三级指标分权。

层次分析法是常用于综合定性与定量分析的权重确定法,通过指标两两比较建立判断矩阵,再根据矩阵的特征向量得到权重数,同时检验判断矩阵的一致性。但在建管电子政务评价指标体系中,仅 6 个一级指标就要判定 15 次,工作量较大,另外此次评价面临的不仅有专家学者,还有相关从业人员和公众,难以保证矩阵的一致性,所以针对此次调查使用改进后的层次分析法,过程简化如下:

(1)层次结构建立。本文构建的三级指标体系按性质将各个因素聚类,然后将其共性看成更高一级的因素。

(2)获得判断向量。同一层的第一个指标与其余指标进行比较得到判断向量 $\boldsymbol{u} = (u_{11}, u_{12}, \cdots, u_{1n})$。

(3)构建一致性判断矩阵。将判断向量 $\boldsymbol{u}$ 进行一致性条件($u_{ij} = u_{ik} \times u_{kj}$)完善为判断矩阵 $\boldsymbol{P}$,其中 $u_{ii} = 1$,$u_{ij} = 1/u_{ji}(i, j = 1, 2, \cdots, n)$。

(4)求个体权重。判断矩阵每一列归一化后按行相加,再将得到的列向量归一化处理获得每一位打分者的权重向量。

(5)权重指标聚类分析。运用 SPSS 软件进行系统聚类分析,根据结果按离差平方和法将个体分类,得到每一级指标的类容量向量,进而得到不同级各类个体指标权重系数。

(6)将个体指标权重按其各自权重系数进行合成,获得各级指标权重。

三级指标评分准则包括内容的全面性、准确性以及时效性。"基本信息"和"重点信息"下含有的指标每项满分 3 分;"个性化推送"下属指标存在计 1 分,不存在计 0 分;"网站设计"从网站的展现、布局、栏目、专题 4 个方面考察,满分 15分;"服务规范"从地址链接、网页标签、名称、域名、徽标和宣传语和其他便捷功能考察,满分 12 分;"无障碍服务"考察特殊入口和多种语言支持,满分 2 分;"办事指南"考察事项的基本信息、申请材料信息、表格及样表下载指南,满分 17 分;"用户注册"考察用户分类、注册方式、实名制认证,满分 3 分;"用户管理"考察自我管理服务、后台管理服务,满分 2 分;"检索与展示"考察信息检索方式、能否获取、信息展示,满分 3 分;"网上申请与预约"考察网上申请(支持办理和提示功能)、网站预约,满分 3 分;"用户互动"考察用户咨询、建议、投诉功能,满分 3 分;"过程和结果咨询"考察多渠道查询与查询信息,满分 2 分;"服务评价"满分 1 分;"智能搜索"考察站内入口提供、全平台信息聚合、搜索结果展现、搜索优化功能,满分 4 分;"移动政务"形式上考察新型政务方式、用户操作体验、政务获取渠道、App 命名,内容上考察政策响应、专题推广、定期推送,满分 7 分;"新媒体传播""外部搜索"满分各 1 分;"参与机制"考察参与渠道和普及,满分 2 分;"反馈机制"考察反馈渠道、答复周期、回访,满分 3 分;"电子参与透明度"考察政策、渠道、反馈是否透明,满分 3 分;"电子参与及时性"考察推广、反馈更新是否及时,满分 2 分;"电子参与易用性"考察其功能是否面向全体公众(支持匿名)、参与指导、参与路线合理,满分 3 分;"信息完整性"考察覆盖范围、信息内容、企业证书,从业企业满分 20 分,从业个人满分 19 分,项目信息发布满分 17 分;"信息有效性"考察更新及时、制订标准、简化过程、审核监督,满分各 4 分;"网上政务办理"每个指标考察 4 个阶段——无该项服务(0 分)、单向服务(1 分)、双向互动(3 分)、事务处理(5 分)。

2.4 权重分布

此次研究的数据来自线上与线下调查问卷,问卷针对建管电子政务服务网站采用了 7 级量表,测评对象包括建筑与房地产行业专家学者、行业从业人员、建设行政管理部门工作人员以及网站设计人员,回收 17 份电子有效问卷、36 份纸质有效问卷,共计 53 份有效问卷。用 SPSS 软件选用克隆巴赫系数对问卷结果进行检验,6 个一级指标及其下二级指标均大于 0.5,可以认为问卷结果真实有效。

以一级指标权重的确定为例。根据问卷可以得到第 1 位打分者对一级指标的判断向量 $u = (1 \quad 3 \quad 1 \quad 1 \quad 1 \quad 1/3)$,根据一致性条件完善后判断矩阵为:

$$P = \begin{pmatrix} 1 & 3 & 1 & 1 & 1 & 1/3 \\ 1/3 & 1 & 1/3 & 1/3 & 1/3 & 1/9 \\ 1 & 3 & 1 & 1 & 1 & 1/3 \\ 1 & 3 & 1 & 1 & 1 & 1/3 \\ 1 & 3 & 1 & 1 & 1 & 1/3 \\ 3 & 9 & 3 & 3 & 3 & 1 \end{pmatrix}$$

对判断矩阵归一化处理后得到第 1 位打分者关于一级指标的权重向量为 $w = (3/22 \quad 1/22 \quad 3/22 \quad 3/22 \quad 3/22 \quad 9/22)$。同理得到 53 个一级指标判断矩阵。

将调查问卷整理所得的 53 个一级指标的个体权重指标运用 SPSS 软件进行聚类分析。按照聚类结果,考虑将 53 个个体归为 7 类。一级指标权重向量的类容量向量为 $K_i = (14\ \ 1\ \ 6\ \ 23\ \ 3\ \ 3\ \ 3)$,由 $\lambda_i = K_q / \sum_{j=2}^{s} K_q^2$ 得到 $\lambda_1 = 14/789, \lambda_2 = 1/789, \lambda_3 = 6/789, \lambda_4 = 23/789, \lambda_5 = 3/789, \lambda_6 = 3/789, \lambda_7 = 3/789$。以第一份调查所得个体权重为例,其属于第 3 类,因此权重系数为 $\lambda_3 = 6/789$。同样处理其余样本,各个体权重向量的权重系数与同一类下个体权重向量的系数相同。将 53 个个体指标权重按其各自权重系数进行合成,最终得到一级指标权重为: $w_1 = (0.150\ 8\ \ 0.081\ 1\ \ 0.055\ 4\ \ 0.055\ 7\ \ 0.285\ 2\ \ 0.397\ 2)$。同理得到二级指标权重。各级指标权重具体分布见表 2。

表 2　建管电子政务服务评价指标体系及权重分布

一级指标	二级指标	三级指标	三级指标权重
一般信息公开 A1 ($w = 0.150\ 8$)	基本信息 B1 ($w = 0.413\ 3$)	机构职能 C1	1/9
		政策规章及解读 C2	1/9
		发展规划和产业政策 C3	1/9
		管理规范性文件 C4	1/9
		行政执法监督 C5	1/9
		工程建设标准规范 C6	1/9
		统计数据 C7	1/9
		工作动态 C8	1/9
		依申请公开 C9	1/9
	重点信息 B2 ($w = 0.386\ 2$)	财政信息 C10	1/6
		权责清单 C11	1/6
		人事信息 C12	1/6
		采购信息 C13	1/6
		服务提供信息 C14①	1/6
	个性化推送 B3 ($w = 0.200\ 5$)	一次性推送 C15	1/2
		长期性推送 C16	1/2

---

① "服务提供信息"指行业相关专题专栏形式发布的信息。

续表

一级指标	二级指标	三级指标	三级指标权重
网站环境 A2 ($w=0.081\ 1$)	网站建设 B4 ($w=0.235\ 4$)	网站设计 C17	15/29
		服务规范 C18	12/29
		无障碍服务 C19①	2/29
	政务服务事项 B5 ($w=0.764\ 6$)	办事指南 C20	1/2
		用户注册 C21	3/34
		用户管理 C22	1/17
		检索与展示 C23	3/34
		网上申请与预约 C24	3/34
		用户互动 C25②	3/34
		过程和结果查询 C26	1/17
		服务评价 C27	1/34
功能推广 A3 ($w=0.055\ 4$)	应用功能 B6 ($w=0.738\ 7$)	智能搜索 C28	4/11
		移动政务 C29	7/11
	传播合力 B7 ($w=0.261\ 3$)	政务新媒体 C30	2/3
		外部搜索 C31③	1/3
电子参与 A4 ($w=0.055\ 7$)	电子参与成熟度 B8 ($w=0.619\ 6$)	参与机制 C32	2/5
		反馈机制 C33	3/5
	电子参与用户体验 B9 ($w=0.331\ 3$)	电子参与透明度 C34	3/8
		电子参与及时性 C35	1/4
		电子参与易用性 C36④	3/8
行业信息发布 A5 ($w=0.285\ 2$)	从业企业信息发布 B10 ($w=0.346\ 3$)	信息完整性 C37	5/6
		信息有效性 C38	1/6
	从业人员信息发布 B11 ($w=0.252\ 3$)	信息完整性 C39	14/19
		信息有效性 C40	5/19
	项目信息发布 B12 ($w=0.401\ 5$)	信息完整性 C41	5/6
		信息有效性 C42	1/6

---

① "无障碍服务"指是否向残障人士提供特殊入口、多种语言支持。

② "用户互动"指是否提供用户咨询、用户建议、用户投诉渠道。

③ "外部搜索"指政务网站相关内容,如专题、政策图解等在主流搜索引擎等平台上进行传播。

④ "电子参与易用性"指有明确指引参与方式、参与渠道设计合理。

续表

一级指标	二级指标	三级指标	三级指标权重
网上政务办理 A6 ($w=0.3972$)	建设项目类 B13 ($w=0.4160$)	项目信息报送 C43	1/6
		设计审查 C44	1/6
		招投标 C45	1/6
		建设施工 C46	1/6
		竣工验收 C47	1/6
		建筑节能与建设工法管理 C48	1/6
	法人类 B14 ($w=0.1974$)	资质管理 C49	1/4
		外地企业入省管理 C50	1/4
		企业备案 C51	1/4
		出省诚信证明 C52	1/4
	个人类 B15 ($w=0.2082$)	实名制备案 C53	1/3
		执业资格管理 C54	1/3
		职业技能培训考核 C55	1/3
	房屋管理 B16 ($w=0.1785$)	房地产开发管理 C56	1/5
		房地产交易 C57	1/5
		房屋安全与设备 C58	1/5
		物业管理 C59	1/5
		房屋征收 C60	1/5

3 实证评价

3.1 评价对象

重庆市是我国西部唯一的直辖市,也是 2018 年国务院发布的工程建设项目行政审批制度改革中的 16 个试点省市之一。《省级政府和重点城市网上政务服务能力调查评估报告(2019)》显示,2018 年重庆市在全国省级政府网上政务服务能力排第 10 名,与 2016 年排名相同,比 2017 年下降 2 名,与先进省份差距较大。因此,选择重庆市建管电子政务系统,对其现有政务服务水平进行评价。本次评价对象主要是重庆市住房和城乡建设委员会门户以及其跳转进入的系统、网站分支上的内容,涵盖重庆建设工程信息网、重庆市网上办公大厅(渝快办 App)、重庆市房地产开发网等。

3.2 评价步骤

测评从三级指标开始,采取百分制。具体评价步骤如下:首先,按照三级指标的评分准则对评价对象进行打分,得到各个三级指标的评分;再根据权重分布对三级指标评分进行加权处理,得到二级指标评分。采集的原始数据经过各级指标加权后,可以计算出评价对象的评估结果,包含6个一级指标的得分和1个总得分。

3.3 数据收集

数据由"重庆市建管电子政务系统绩效评估与优化研究"课题调查小组完成。由于本文构建的三级指标评分标准详细且具体,可操作性强,对每一项三级指标进行评分仅需做"有无"的判断。分别比照三级指标评分标准,对重庆市得分进行评分。评分一致的指标予以通过,评分不一致的进行讨论;如果可以达成统一意见的即以统一结果为最终评分,如果不能达成一致则请专家定夺;并将最终评分结果呈交课题组专家进行审核。因此评分结果具有可信度。

3.4 评价结果

根据三级指标评分标准得到重庆市三级指标评分见表3。

表3 重庆市建管电子政务服务得分情况

三级指标	满分	得分	三级指标	满分	得分
机构职能 C1	3	2	人事信息 C12	3	3
政策规章及解读 C2	3	3	采购信息 C13	3	0
发展规划和产业政策 C3	3	2	服务提供信息 C14	3	3
管理规范性文件 C4	3	3	一次性推送 C15	1	0
行政执法监督 C5	3	3	长期性推送 C16	1	0
工程建设标准规范 C6	3	3	网站设计 C17	15	15
统计数据 C7	3	0	服务规范 C18	12	11
工作动态 C8	3	3	无障碍服务 C19	2	0
依申请公开 C9	3	0	办事指南 C20	17	16
财政信息 C10	3	0	用户注册 C21	3	3
权责清单 C11	3	2	用户管理 C22	2	2

续表

三级指标	满分	得分	三级指标	满分	得分
检索与展示 C23	3	2	信息有效性 C42	4	4
网上申请与预约 C24	3	2	项目信息报送 C43	5	3
用户互动 C25	3	3	设计审查 C44	5	3
过程和结果查询 C26	2	2	招投标 C45	5	3
服务评价 C27	1	1	建设施工 C46	5	3
智能搜索 C28	4	2	竣工验收 C47	5	1
移动政务 C29	7	3	建筑节能与建设工法管理 C48	5	5
政务新媒体 C30	1	0	资质管理 C49	5	5
外部搜索 C31	1	0	外地企业入省管理 C50	5	1
参与机制 C32	2	1	企业备案 C51	5	1
反馈机制 C33	3	1	出省诚信证明 C52	5	0
电子参与透明度 C34	3	1	实名制备案 C53	5	1
电子参与及时性 C35	2	0	执业资格管理 C54	5	5
电子参与易用性 C36	3	3	职业技能培训考核 C55	5	3
信息完整性 C37	20	16	房地产开发管理 C56	5	1
信息有效性 C38	4	4	房地产交易 C57	5	0
信息完整性 C39	19	16	房屋安全与设备 C58	5	0
信息有效性 C40	4	4	物业管理 C59	5	0
信息完整性 C41	17	14	房屋征收 C60	5	0

　　按照各自权重,依次算出各级指标对应的分值,并根据三级指标的打分分值,加和汇总为最终得分。为通过对比方式更加全面客观地展现重庆市建管电子政务建设概况,使用以上评分体系对2018年网上政务服务能力排名靠前的广东、江苏、浙江、贵州进行评价。经计算,重庆市建管电子政务总分为60.944 1,另外4个地区分别为75.17、59.70、66.53、67.91。具体得分对比如图1所示。

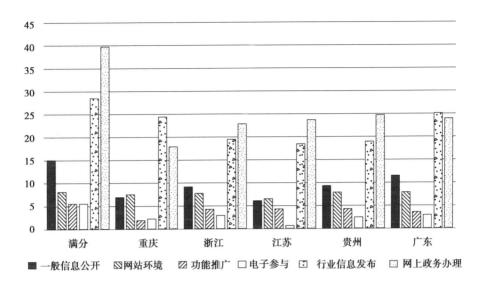

图1 五省市一级指标得分对比图

3.5 结果分析

从得分情况可以看到,总分最高为广东省,最低为江苏省,重庆市在及格线边缘,略高于江苏省。就一级指标的得分情况来看,各省市建设较为完善的是一般信息公开、网站环境两个方面;电子参与都存在不足;重庆市的功能推广严重不足;对行业信息发布、网上政务办理两个行业特色指标,现阶段更多依赖于早期建设成果。下面对重庆市得分较差的一级指标进行对比分析。

"一般信息公开"得分较低,在形式上做到了较广的内容覆盖,而在实际内容上,重庆市不注重信息条目上的分类,导致视觉上不清晰,也存在部分内容在某一时间大量更新。网站未涉及三级指标中"采购信息""个性化推送"等;"依申请公开"也暂未发现,而我国现阶段电子政务建设处于领先的浙江、贵州、广东、江苏等省均建设有线上或线下或两者都有的"依申请公开"系统。

"功能推广"得分极低。功能扩展包括"智能搜索"和"移动政务",前者搜索结构与搜索功能单一,后者随着网络的普及和5G时代的到来正在如火如荼地发展,重庆有"重庆政务"App,同时也在依靠已有的网络平台嫁接电子政务,但暂未实现移动政务办理功能。

"网上政务办理"得分仅为满分的45.07%,分数较低,表现在以下几点:首先是政务办理的种类不够丰富,覆盖范围主要集中在企业备案、资质管理、项目报送、绿色建筑、工法等;然后是网上政务办理的深度不够,部分政务仅提供办理流程、资料

— 13 —

等,不提供线上办理途径。另外,"房屋管理"指标缺失,重庆市房地产交易线下办理地点在各房管局,由于之前部门整合,下属单位与建管部门网站的集成度较低,导致了部分归属于下属单位的事项在建管网站上的缺失。

根据以上分析可知,我国的电子政务建设仍有较大发展空间,此外,在测评过程中发现,虽然各省市政府现集中力量建设一站式政府服务平台,但在该平台上建设管理部门能够办理的政务极其稀少且部分存在网上业务不支持办理的情况,所以还需较长时间来加强建设一站式政务服务平台。

4 结论与建议

建管电子政务建设是一个长期投资的系统性工程,其发展水平与地区发展密切相关。通过对比发现,重庆市现阶段信息公开内容比较完善,但在网上政务的办理速度、线上线下服务渠道整合、移动政务与电子参与等方面还有待提高。因此,重庆市建管部门自身电子政务建设水平还有很大的提升空间。

根据以上结论,建议重庆市建管电子政务加强整合线上线下服务渠道,厘清线上线下信息流走向,打破单一化服务提供模式;同时在现有行业数据一体化平台基础上,统筹管理数据资源,构建政府数据统一开放门户。此外,还需利用平台做数据资源的挖掘与利用,有机结合政务信息化与行业信息化,从扩展网上政务服务的广度和深度两方面来提高建管电子政务供给水平。最后,应真正做到"全程在线",拓宽电子参与渠道,实现电子政务的参与性、包容性与协作性。

参考文献

[1] 朱春奎,李文娟.电子政务服务质量与满意度研究进展与展望[J].湘潭大学学报(哲学社会科学版),2019,43(1):60-64.

[2] 张辉.基于服务过程的电子政务服务质量评估模型研究[J].图书情报工作,2010,54(11):116-118,115.

[3] KIM T H, IM K H, PARK S C. Intelligent measuring and improving model for customer satisfaction level in e-government[C]. International Conference on Electronic Government, 2005.

[4] OSMAN I H, ANOUZE A L, IRANI Z, et al. COBRA framework to eval-uate e-government services: A citizen—centric perspective[J]. Government information quarterly, 2014, 31(2): 243-256.

[5] Accenture Group. The Government Executive Series: eGovernment Leadership-Realizing the Vision

［R］.U.S, 2002.

［6］李云.美国电子政务绩效评估探析[J].兰台世界,2012(2):12-13.

［7］ALFADLI I, MUNRO M. Citizen Centered E-Government Services Assessment Framework［C］. Italy:Proceedings of the 13th European Conference on E-government, 2013:573-577.

［8］陆敬筠,朱晓峰.基于卡诺模型的电子政务服务质量要素研究[J].电子政务,2012(1):75-80.

［9］省级政府网上政务服务能力调查评估报告(2018)［EB/OL].［2018-04-18].(2018-06-12).中国电子政务网.

［10］刘红丽,杨兰蓉.基于供应链的电子政务服务质量评估研究［J].情报杂志,2012(7): 168-171.

［11］闫培宁.基于AHP与过程结果模型的电子政务公共服务绩效实证研究[J].中国行政管理, 2012(4):104-108.

收稿日期:2020年8月5日。

基金项目:重庆市建设科技计划项目"重庆市建管电子政务系统评估与优化研究"。

作者简介:曾德珩(1979—),男,重庆大学管理科学与房地产学院教授,博士,主要研究方向为城市经济与建设行政管理。E-mail:zengdeheng@ cqu.edu.cn。

黄琴(1996—),女,汉族,四川成都人,重庆大学管理科学与房地产学院硕士研究生,主要研究方向为城市经济与建设行政管理。

董茜月(1994—),女,汉族,四川达州人,重庆大学管理科学与房地产学院硕士研究生,主要研究方向为城市经济与建设行政管理。

我国城市品质研究综述

叶　贵[1,2]，李　阳[1,2]，杨晶晶[1,2]，俞　鹏[1,2]，洪杨杨[1,2]

(1.重庆大学 管理科学与房地产学院，重庆 400044；

2.重庆大学 可持续建设国际研究中心，重庆 400044)

摘　要：为全景式展现我国城市品质研究现状及未来趋势，进一步完善城市品质理论研究和实践提升，本文基于文献计量法和内容分析法，对我国城市品质研究进行综合分析。文献计量结果表明，我国城市品质研究经历了缓慢、平稳和快速发展 3 个阶段；研究热点集中于城市高质量发展、生态环境维护、城市品质与居民的关系等。此外，通过内容分析法，本文建立了城市品质研究内涵层级图，构建了城市品质供给因素—马斯洛需求层次透镜模型，并且通过梳理各影响因素之间的关系，构建了城市品质提升路径图，以期为政府制定城市品质提升战略提供参考。未来的研究方向包括识别影响城市品质的关键因素以及进行主客观指标相结合的城市品质实证研究。

关键词：城市品质；研究热点及趋势；文献综述；CiteSpace

中图分类号：C93　　　　　　　　　　**文献标识码**：A

A Review of Urban Quality in China

YE Gui[1,2], LI Yang[1,2], YANG Jingjing[1,2], YU Peng[1,2], HONG Yangyang[1,2]

(1. School of Management Science and Real Estate, Chongqing University, Chongqing 400044,

China; 2. International Research Center for Sustainable Built Environment,

Chongqing University, Chongqing 400044, China)

Abstract：In order to comprehensively present the research status and future trend of urban quality in China, and further to improve the theoretical research and practice promotion of urban quality, we conducted a comprehensive analysis of the research on urban quality in China based on the bibliometrics and content analysis. The results from bibliometrics show that the urban quality research in China has gone through three stages, including slow, steady and rapid development, respectively. The research mainly focuses on three aspects, namely high-quality urban development, ecological environment maintenance and the relationship between urban quality and residents. Furthermore, based on the content analysis method, the hierarchy diagram of urban quality connotation and the urban quality supply factors-Maslow's demand level lens model is constructed, and the city quality ascension path graph is modeled by summarizing the relationship between various influencing factors, in order to provide reference for government to make urban quality promotion strategy. Future research directions are suggested, including the identification of key factors that affect urban quality, and empirical research on urban quality evaluation by combining subjective and objective indicators.

Key words：urban quality；research hotspots and trends；literature review；CiteSpace

1 引 言

21 世纪以来,我国的城市化水平快速发展,2000 年我国的城市化率为36.22%,到 2011 年首次突破 50%,此后,每年增长约 1.04%,2018 年达到59.58%。然而,城市化水平快速发展的同时也带来了不同程度的"城市病"问题,比如交通堵塞、洪涝灾害、环境污染等。为此,2015 年中央城市工作会议明确指出要转变城市发展方式,提升城市发展持续性与宜居性。随后,各级政府也助推城市品质提升,比如重庆市政府 2018 年 11 月出台了《重庆市城市提升行动计划》。可见,提升城市品质已经引起我国社会及各级政府的高度关注。

此外,相关调研表明,城市化的快速发展并未提升居民幸福感,相反,城市居民的整体幸福感普遍降低。基于此,学者和实践家应当思考,我们需要什么样的城市? 居民数量不断增多、城市规模不断扩大、经济总量不断增大是城市发展所追求的目标吗? 于是,"城市品质"这一概念被提了出来。国内学者对城市品质的研究十分丰富,不仅从宏观上梳理了城市发展质量的研究进程及评价方法,而且就指标体系构建、城市规划设计、生态环境建设等做了专题研究。虽有学者对城市品质研究现状进行了梳理,但未能直观反映城市品质研究现状,且近几年城市品质研究的深度和广度不断扩展,呈现出数量迅速增长、热点不断变更等趋势,所以有必要对城市品质研究现状进行定性、定量的综合分析。另一方面,中国城市有别于国外城市,都有着自身鲜明的地域特色,审视中国城市发展现状,有助于建设中国特色城市。因此,为系统展示城市品质知识领域现状,明晰未来研究趋势,有必要对我国城市品质研究进行文献综述。

为此,本文采用文献计量法与内容分析法对中国近 20 年内中国知网(CNKI)数据库中所收录的 SCI、EI、核心期刊、CSSCI、CSCD 文献进行深入分析。第一部分是运用基于 CiteSpace 软件的文献计量法对所筛选文献进行知识图谱分析。第一,对城市品质研究领域的学术团队及期刊进行可视化分析,识别该领域的主要研究者及重要期刊,并根据各年的刊文数量及高被引文献,归纳出我国城市品质研究发展阶段及主题;第二,对关键词进行共现并筛选、分类,总结出我国城市品质研究的热点。第二部分是对所筛选文献进行内容分析,归纳总结出城市品质研究内涵、影响因素、提升路径及评价维度,并指出现有研究的不足,为城市品质的后续深入研究提供借鉴。

2 研究方案

2.1 数据获取与处理

为保证文献数量与质量,本文以 CNKI 为文献数据来源,期刊来源选择 SCI、EI、核心期刊、CSSCI、CSCD,时间范围限定为 2000—2019 年,按照主题进行精确检索。城市品质一词来源于"city/urban quality"的翻译,考虑到目前国内许多学者也将此翻译为城市质量,认为"城市品质"是"城市品位"与"城市质量"的统一体,同时为了最大限度地获得城市品质的研究文献,本文将"城市品质""城市品位""城市质量""城市化质量""城市发展质量"这 5 个概念词同时作为主题词进行精确检索。截至 2019 年 9 月 1 日,共检索出 1 478 条记录。剔除刊讯、会议通知、会议报道、专题封面、征稿启事等形式的文献,并通过阅读题目、摘要和引言,剔除与本研究内容无关的期刊文献,最终获得有效期刊文献 994 篇。

2.2 研究方法与工具

基于知识图谱的科技文本挖掘方法可借助计算机全景式地呈现文献的研究现状及未来趋势。其中 CiteSpace 信息可视化软件是目前使用最广泛、影响力最大的绘制知识图谱的工具之一。该软件将抽象的数据通过知识图谱直观地呈现出来,可清晰全面地展示城市品质领域的研究概况、研究热点和演进趋势。内容分析法最早由美国传播学家伯纳德·贝雷尔森提出,相对于文献计量法,内容分析法是一种针对文献内容,进行客观、系统、量化分析的研究方法。因此,为更好展现我国城市品质研究的外部及内容特征,本文采用文献计量法与内容分析法相结合的方法,对搜集到的文献进行定量与定性的综合分析。

3 空间知识图谱及分析

3.1 学术团队分析

借助 CiteSpace 软件对城市品质研究领域的作者进行可视化分析,可以识别出该领域的核心作者,以及作者之间的合作强度。将所筛选的 994 篇文献进行数据转换,时间选择 2000—2019 年,Years Per Slice 选择"1",即每 1 年为一个时间切片。节点类型选择"Author",并设置"Top N = 30",即显示每个时间切片内频次排名前 30 的数据。为了简化网络并突出其重要的结构特征,修剪类型选择"Pathfinder"即寻径,得到我国城市品质研究领域作者分布及合作图谱,如图 1 所示。图中的节点越大表明作者出现的次数越多,连线越粗表明学者之间的合作程度越高。

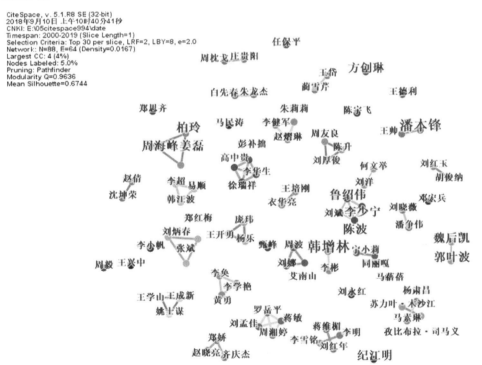

图 1 我国城市品质研究作者分布及合作图谱

由图 1 可知,国内已有较多学者从事城市品质的研究,但高产作者并不多,出现文献次数最多的是潘本锋(4 次)与韩增林(4 次)。最高产作者刊文数量仅 4 篇,表明国内高产学者关于城市品质领域的研究成果并不丰富。通过阅读文献进一步发现,潘本锋致力于城市空气质量研究;而韩增林则关注基本公共服务质量、人居环境质量等方面。可见,高产作者对城市品质的研究维度比较单一,还未能形成全面系统的研究。

从研究视角来看,潘本锋、鲁绍伟、陈波、姜磊、柏玲、周海峰等均致力于城市环境质量的研究,郭叶波、魏后凯、方创琳等致力于城市质量的综合研究,这表明高产作者对城市文化与城市精神、城市特色与城市形象等维度考虑较少,而这些维度正是城市品质研究不可或缺的部分。

3.2　发表期刊及学科特征分析

通过分析文献的期刊来源,可以快速识别城市品质研究领域的关键期刊以及所涉及的学科领域,有助于学者从多学科维度进行相关研究。使用 Excle 表对所导出的 994 篇期刊的名称进行合并,发现共涉及 366 个期刊。根据 CNKI 的学科类别对 366 个期刊进行分类,其中频次大于及等于 8 的期刊及其学科分类的统计结果如图 2 所示。可以看出城市品质研究所涉及的学科主要包括经济与管理科

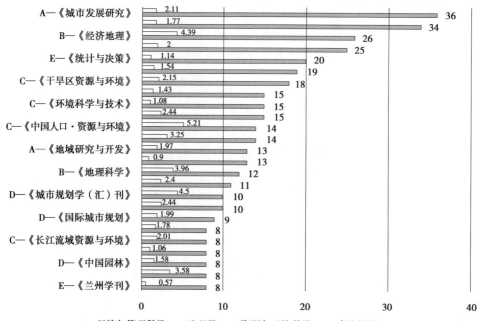

A—经济与管理科学　B—地理学　C—资源与环境科学　D—建筑科学与工程　E—社会科学

□ 影响因子　　■ 刊文数量

图 2　我国城市品质研究领域重要期刊及学科类别图

学、资源与环境科学、建筑科学与工程等。出现频次较多的"城市发展研究"(36
次)、"城市问题"(34次)和"现代城市研究"(19次)均属于经济与管理科学,这表
明城市品质是经济与管理科学的研究热点。另外,《经济地理》《中国人口·资源
与环境》《地理科学》《城市规划学(汇)刊》等期刊关于城市品质的研究频次至少为
14次,这表明城市品质是地理学、资源与环境科学和建筑科学等多个学科领域共
同关注的课题。

4 时间知识图谱及热点词汇分析

4.1 城市品质研究的发展阶段

通过阅读各阶段的文献,归纳总结出各阶段的研究主题,并且运用 Excle 表对
所筛选的 994 篇文献进行时间排序并统计频数,如图 3 所示。可以看出,学者对城
市品质领域的关注度日益增加。根据历年发文数量趋势,将城市品质研究划分为
缓慢、平稳、快速 3 个发展阶段。从图 3 可以看出,缓慢发展期,国内学者聚焦于城
市品质中城市质量评价以及生态环境研究,代表学者有叶裕民、张甘霖等。平稳发
展期,各学者加强城市质量研究,并且认识到城市品质中人的重要性,开始更多地
考虑城市品质中的人文维度,关注休闲体育、文化和旅游等方面,并且加强了对人
居环境及生活质量的研究,代表学者有韩增林、李雪铭等。快速发展期,国内学者
开始从政府管理、创新驱动经济增长、城市规划设计和社会公共服务等多元化视角
对城市品质进行研究,代表学者有陈诗一、黄志基等。

4.2 我国城市品质研究热点词汇

关键词是对文献内容的高度概括,通过对关键词进行共现分析,可以揭示出
某一领域的研究热点。在章节 3.1 的操作基础上,将"节点类型选择"改为
"Keyword",其他设置不变,可以得到我国城市品质研究关键词图表。对出现频
次大于等于 6 的关键词进行聚类,并对相近词组进行合并,发现研究热点集中在
"城市高质量发展""生态环境维护"及"城市品质与居民的关系"3 个方面,见
表 1。

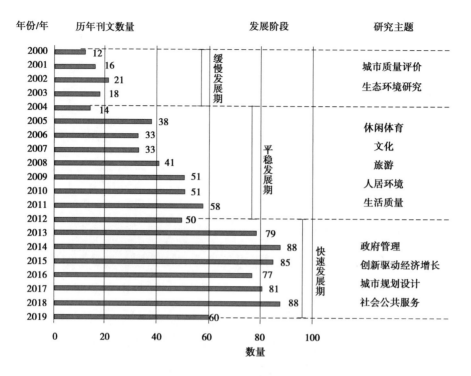

图 3 我国城市品质研究历年文献统计及各阶段主题图

表 1 我国城市品质研究高频关键词分类图表

热点一:城市高质量发展			热点二:生态环境维护			热点三:城市品质与居民的关系		
关键词	频次	中心性	关键词	频次	中心性	关键词	频次	中心性
城市(镇)化	145	0.43	空气质量	89	0.25	生活质量	32	0.11
城市(镇)化质量	94	0.3	环境质量	37	0.12	城市人居环境	16	0.09
新型城镇化	26	0.11	生态环境质量	16	0.03	城市居民	7	0.02
城市群	16	0.09	空气质量指数	10	0.09	人口城市化	7	0.04
城市发展质量	14	0.07	PM2.5	7	0.03			
经济增长	11	0.04	环境空气质量	7	0.01			
高质量发展	11	0.02	水环境质量	6	0			
城市化水平	10	0.01	PM10	6	0.01			
质量	8	0.01						
协调度	7	0.06						

其中,生态环境维护贯穿了城市品质研究的整个阶段,如何平衡城市发展与生态环境之间的关系是学术界关注的一个主要问题。城市高质量发展以及城市品质与居民的关系,是近些年国内学者研究不断深入、响应政府发展倡导的具体体现。一方面是因为城市品质的研究源于生活质量的研究,而居民作为生活质量的载体对城市品质的研究有着至关重要的作用;另一方面是因为新时代我国经济由高速增长阶段转向高质量发展阶段,相应的城市发展正处在速度型向质量型转变的关键时期。

5 我国城市品质研究内容分析

5.1 城市品质研究内涵分析

通过阅读所筛选文献,结合克雷顿·奥尔德弗提出的 ERG 理论,本文将城市品质研究内涵分为基本层、精神层、发展层,如图 4 所示。城市品质研究的内涵十分丰富,是基本层、精神层、发展层的阶梯式复合。目前我国学者从事基本层研究较多,主要是因为城市建设、城市环境质量等直接关系到居民日常生活。同时需要注意的是,内涵本身是一个复合、动态的概念,文化旅游、休闲体育、社会公正等直接关系到居民的精神生活,是衡量城市品质的内在体现,但国内精神层方面相关文献不足且探讨深入不够。此外,城市品质内涵不断发展,政府作为城市管理的主体,其管理水平、决策能力对城市品质的发展有着重要影响;而居民作为城市发展的能动主体,是城市发展的贡献者和直接受益者,但目前相关研究甚少。

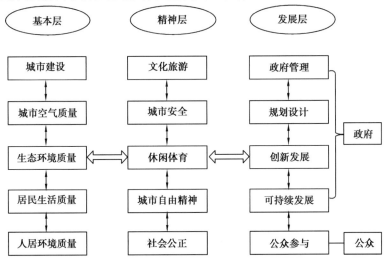

图 4　城市品质研究内涵层级图

5.2 城市品质影响因素分析

居民的需求满足状况是城市发展的综合体现,折射出城市品质的高低。本文通过阅读所筛选文献,结合马斯洛需求层次对陈强(2006)提出的城市发展质量—市民生活满意度的透镜模型进行改进,构建城市品质供给因素—马斯洛需求层次透镜模型,如图5所示。城市功能是城市发展的质量载体,是城市为居民提供生活环境的桥梁,提升城市功能有助于减少交通拥堵,改善公共服务等,从而显著提升居民的生活满意度,满足居民各层次需求。

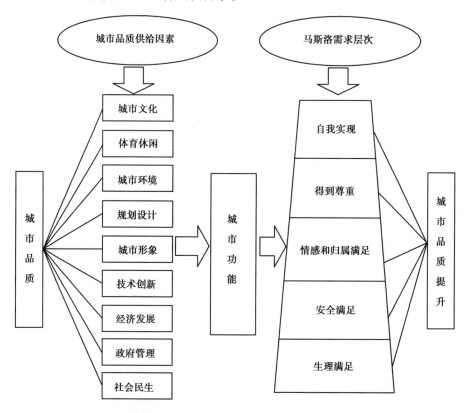

图5 城市品质供给因素—马斯洛需求层次透镜模型

保障居民生存是城市最基本的功能,通过社会民生、政府管理、经济发展等为城市居民提供安全稳定环境、保证居民基本生活,使居民生理、安全等低层次需求得到满足;技术创新、城市形象等通过城市功能加强居民之间的联系,增强居民对城市的认同感,使居民的情感和归属得到满足;更人性化的城市规划设计,更优美的城市居住、工作环境,通过城市功能使得居民的尊重需要得到满足;更多元的城市文化、更多的体育休闲设施,通过城市功能满足居民对精神文化的追求,使最高层次的自我实现需求得到满足,而这些影响因素往往决定着城市品质的高度。

5.3 城市品质提升路径分析

城市品质的众多影响因素决定了存在众多的城市品质提升路径。本文通过阅读所筛选文献,梳理各影响因素之间的关系,构建出城市品质提升路径,如图6所示。胡迎春(2009)认为生态环境质量是城市品质提升的前提,经济发展是城市品质提升的基础;但生态环境与经济发展相互制约,以破坏生态环境所换来的经济发展并不能提高城市品质。卢映川(2017)认为政府是城市管理的责任主体,应该担负起保护城市文化、改善社会民生、构建城市形象、优化城市布局的责任。任致远(2012)认为城市文化是城市发展的内在动力和重要资源,文化不仅丰富居民精神生活而且塑造城市形象、特色,文化内涵的丰富和发展必将激发城市的活力,从而提升城市品质。

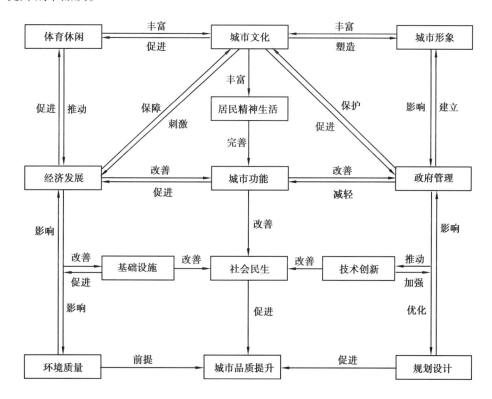

图6 城市品质提升路径图

城市品质的提升是一项系统工程,各因素之间存在着相互影响的关系,单维度品质的提升可能会带来其他维度品质的提升,也可能会导致相反的结果。因此提升城市品质时要注重各维度品质提升的均衡性、整体性、协调性。

5.4　城市品质评价分析

通过阅读所筛选文献,发现城市品质的评价分为 3 种模式:①客观模式;②主观模式;③主客观相结合模式。客观模式的城市品质评价,主要是从影响城市品质的因素出发,选取的指标均是客观数据指标,现有文献大部分采用此种方法对城市品质进行评价;主观模式的城市品质评价,更注重居民对城市的主观感受,一般通过调查问卷方式反映城市居民对各维度的满意度。目前陈强(2006)构建了基于市民生活满意度的城市发展质量评价指标体系,但仅仅提出了评价思路,未能进行实证研究;主客观相结合模式的城市品质评价是在客观数据的基础上,结合主观数据指标对城市品质进行评价,这也是城市品质评价方式的发展趋势;鲍悦华(2011)基于城市功能构建了主客观指标相结合的城市发展质量评价指标体系,但遗憾的是,因受限于主观数据的获得性,作者未进行实证研究。

从评价维度来看,城市品质评价维度的设置处于动态发展中,并且不断完善;从早期采用经济质量、生态环境质量等维度对城市品质进行测评,逐渐发展为包含城市文化、城市生活、城市管理等综合指标体系,更加注重城市综合品质提升。

6　结论与展望

6.1　结　论

本文以 CNKI 为数据来源对我国城市品质的研究进行了可视化分析,并且对所筛选文献进行内容分析。得到的主要结论如下:

第一,我国城市品质的研究分为缓慢、平稳、快速 3 个发展阶段:2000—2004 年为缓慢发展期,学者聚焦于城市质量评价和生态环境研究;2005—2012 年为平稳发展期,学者更多地考虑城市品质中的人文维度,并且加强对居民人居环境及生活质量的研究;2013—2019 年为快速发展期,学者开始从政府管理、创新驱动经济增长、城市规划设计和社会公共服务等多元化视角对城市品质开展研究。此外,研究热点集中于城市高质量发展、生态环境维护、城市品质与居民的关系等方面。

第二,城市品质的内涵经历了基本层、精神层和发展层的动态扩展,但仍有待完善;城市品质影响因素包括社会民生、政府管理、经济发展、技术创新、城市形象、规划设计、城市环境、体育休闲、城市文化;各影响因素之间相互作用,最终通过改善社会民生、提高生态环境质量使城市品质得以提升;国内学者进行城市品质评价研究较多,但整体来说,评价指标较少考虑城市文化、城市管理等维度以及居民的主观感受。

6.2 展 望

通过对我国城市品质研究的文献进行梳理,我们发现现有研究仍有许多不足,未来研究可以从以下几个方面着手:

①城市品质的研究源于生活质量的研究,从作者以及关键词分类图表可以看出国内学者对城市品质的研究深度不足,且维度过于单一,大多关注空气、水等生态环境质量的研究,未能形成全面系统的研究,未来应该更多地进行城市品质多维度的综合研究。

②城市品质的影响因素通过城市功能使得居民需求层次得到满足,其中影响城市品质的关键因素有待研究;此外影响因素如何通过城市功能,通过哪些功能满足居民不同层次的需求,是今后研究的重点。

③我国对城市品质的评价主要基于经济发展、基础设施、市民生活、生态环境等维度构建评价指标,少有学者考虑到城市文化、城市管理、公众参与等维度以及居民的主观感受,因此,未来有必要构建综合、主客观相结合的评价指标体系。

参考文献

[1] 中华人民共和国国家统计局.中国统计年鉴[M].北京:中国统计出版社,2000—2018.

[2] 徐林,曹红华.城市品质:中国城市化模式的一种匡正——基于国内 31 个城市的数据[J].经济社会体制比较,2014(1):148-160.

[3] YU H F, ZHAO Y L, FU Y C. Optimization of Impervious Surface Space Layout for Prevention of Urban Rainstorm Waterlogging: A Case Study of Guangzhou, China[J]. International journal of environmental research and public health, 2019, 16(19):3613-3641.

[4] 罗小龙,许璐.城市品质:城市规划的新焦点与新探索[J].规划师,2017,33(11):5-9.

[5] METZGER J, WIBERG S. Contested framings of urban qualities: Dis/qualifications of value in urban development controversies[J]. Urban Studies, 2018(55): 2300-2316.

[6] WHITEHEAD T, SIMMONDS D, PRESTON J. The effect of urban quality improvements on economic activity[J]. Journal of Environmental Management, 2006, 80(1).1-12.

[7] 徐春华.城市发展质量研究综述[J].兰州学刊,2009(3):79-83.

[8] 陈强,胡雯,鲍悦华.城市发展质量及其测评:以发展观为主导的演进历程[J].经济社会体制比较,2014(3):14-23.

[9] 张维维,贺建军.我国县域城市品质评价指标体系构建与实际测度:以浙江省慈溪市为例[J].现代城市研究,2014(2):9-14.

[10] 夏镜朗,吕正华,王亮.新时期面向品质提升的城市设计工作思路探讨:以沈阳金廊核心段城市设计为例[J].城市规划,2016(z1):79-83.

[11] 黄金川,方创琳.城市化与生态环境交互耦合机制与规律性分析[J].地理研究,2003,22(2):211-220.

[12] CARVALHO J M S, COSTA R V, et al. Toward a Resource-Based View of City Quality: A New Framework[J]. Growth and Change, 2018, 49(2): 266-285.

[13] 胡兆量.城市质量探索[J].城市发展研究,2013,20(5):13-16.

[14] EDWARD M, GRAMLICH. Infrastructure Investment: A Review Essay[J]. Journal of Economic Literature, 1994, 32(3):1176-1196.

[15] 胡迎春,曹大贵.南京提升城市品质战略研究[J].现代城市研究,2009(6):63-70.

[16] 陈超美,陈悦,侯剑华,等.CiteSpace Ⅱ:科学文献中新趋势与新动态的识别与可视化[J].情报学报,2009,28(3):401-421.

[17] TRUMAN D B. Content analysis in communication research[J]. American political science association, 1971, 46(3): 869.

[18] PU B, QIU Y J. A bibliometric analysis on urbanization research from 1984 to 2013[J]. Open House International, 2015, 40(3):37-43.

[19] 陈悦,陈超美,刘则渊,等.CiteSpace 知识图谱的方法论功能[J].科学学研究,2015,33(2):242-253.

[20] CHEN C M. CiteSpace Ⅱ: Detecting and visualizing emerging trends and transient patterns in scientific literature[J]. Journal of the American Society for Information Science and Technology, 2006, 57(3):359-377.

[21] TANG M, LIAO H, WAN Z, et al. Ten Years of Sustainability (2009 to 2018): A Bibliometric Overview[J]. Sustainability, 2008, 10(5):1655.

[22] 叶裕民.中国城市化质量研究[J].中国软科学,2001(7):27-31.

[23] 白先春,凌亢,郭存芝.城市发展质量的综合评价:以江苏省 13 个省辖市为例[J].中国人口·资源与环境,2004,24(6):91-95.

[24] 李月辉,胡志斌,肖笃宁,等.城市生态环境质量评价系统的研究与开发:以沈阳市为例[J].城市环境与城市生态,2003(2):53-55.

[25] 国家城调总队福建省城调队课题组.建立中国城市化质量评价体系及应用研究[J].统计研究,2005(7):15-19.

[26] 张宝荣,葛艳荣,常彦君,等.城市居民休闲体育活动与生活质量关系[J].中国公共卫生,

2008,24(7):869-870.

[27] 宋晔.和谐社会城市品质和道德文化建设[J].河南师范大学学报(哲学社会科学版),2007(5):8-11.

[28] 王计平,邹欣庆.沿海城市旅游环境质量评价研究:以江苏连云港市为例[J].海洋通报,2006(2):27-33.

[29] 李华生,徐瑞祥,高中贵,等.城市尺度人居环境质量评价研究:以南京市为例[J].人文地理,2005,20(1):1-5.

[30] 范柏乃.我国城市居民生活质量评价体系的构建与实际测度[J].浙江大学学报(人文社会科学版),2006(4):122-131.

[31] 陈诗一,陈登科.雾霾污染、政府治理与经济高质量发展[J].经济研究,2018,53(2):20-34.

[32] 黄志基,贺灿飞.制造业创新投入与中国城市经济增长质量研究[J].中国软科学,2013(3):89-100.

[33] 应婉云,肖菲,罗小龙."十三五"时期城市发展态势与规划新方向[J].规划师,2016,32(3):19-23.

[34] 邓剑伟,郭轶伦,李雅欣,等.超大城市公共服务质量评价研究:以北京市为例[J].华东经济管理,2018,32(8):49-57.

[35] 唐波,邱锦安,彭永超,等.基于 CiteSpace 国内脆弱性的知识图谱和研究进展[J].生态经济,2018,34(5):172-178.

[36] WANG F Y. Assessing the Effect of Eco-City Practices on Urban Sustainability Using an Extended Ecological Footprint Model:A Case Study in Xi'an,China[J]. Sustainability, 2017, 9(9):1591.

[37] 庄贵阳,周枕戈.高质量建设低碳城市的理论内涵和实践路径[J].北京工业大学学报(社会科学版),2018,18(5):30-39.

[38] 房立洲.试论生活品质之城建设的城管逻辑和行动框架:以杭州为例[J].现代城市研究,2014(2):15-19.

[39] 陈强,尤建新,鲍悦华.基于市民生活满意度的城市发展质量评价[J].公共管理学报,2006(2):49-52,110.

[40] TU W, CAO J Z, YUE Y, et al. Coupling mobile phone and social media data:a new approach to understanding urban functions and diurnal patterns[J]. International Journal of Geographical Information Science, 2015, 31(12):2331-2358.

[41] AHAS R, AASA A, YUAN Y, et al. Everyday space-time geographies:using mobile phone-based sensor data to monitor urban activity in Harbin, Paris, and Tallinn[J]. International Journal of Geographical Information Science, 2015, 29(11):2017-2039.

［42］耿冰,付梅臣.基于科技文本挖掘的宜居城市评价体系研究［J］.技术经济与管理研究,2016(12):30-34.

［43］黄江松,鹿春江,徐唯燊.基于马斯洛需求理论构建宜居城市指标体系及对北京的宜居评价［J］.城市发展研究,2018,25(5):89-93.

［44］杨丽,庞弘.大城市人居环境设计概念［J］.武汉大学学报(工学版),2002(5):54-57,62.

［45］卢映川.卢映川:全力提升城市七大品质［J］.前线,2017(1):90-91.

［46］任致远.城市文化:城市科学发展的精神支柱［J］.城市发展研究,2012,19(1):19-23.

收稿日期:2020 年 3 月 18 日。

基金项目:①重庆市提升城市品质创新研究(NO. 2018ZD04)重庆市社科规划重大项目;

②Fundamental Research Funds for the Central Universities(2019CDJSK03PT06)中央高校项目

作者简介:叶贵(1976—),男,四川三台人,博士,教授,博士生导师,研究方向为建设管理(建筑安全、可持续建设管理、动态成本管理、建设行业创新管理、噪声管理、复杂项目管理等)、城市管理(健康城市、城市品质、城市人的感知与行为、城市大脑、房地产管理等)。

李阳(1966—),男,河南周口人,硕士研究生,研究方向为城市品质。

杨晶晶(1990—),女,重庆长寿人,博士研究生,研究方向为城市品质、建设管理、建设安全等。

俞鹏(1997—),女,安徽芜湖人,硕士研究生,研究方向为城市品质。

洪杨杨(1995—),男,河南商丘人,硕士研究生,研究方向为区域经济。

基于文献计量与知识图谱的资源环境承载力研究热点趋势分析

史方晨[1,2]，魏小璇[1,2]，申立银[1,2]*，孟聪会[1,2]，杜小云[1,2]

（1.重庆大学 管理科学与房地产学院，重庆 400044；

2.重庆大学 可持续建设国际研究中心，重庆 400044）

摘　要：本文以 Web of Science（以下简称"WOS"）核心合集的 526 篇英文文献和 CNKI 中文核心期刊的 1443 篇论文为数据基础，借助 CiteSpace 软件，对资源环境承载力研究热点演化趋势进行了分析。研究发现，资源环境承载力的研究热点经历了分别以"可持续发展"、"数量模型"、"实际应用"和"实证案例分析"、大数据应用为主导的 4 个阶段。本文预测未来资源环境承载力的研究热点会聚焦于利用更加丰富的大数据技术精准刻画资源环境承载力状态，从而提升城市治理的效率。

关键词：资源环境承载力；研究热点趋势；文献计量；知识图谱；CiteSpace

中图分类号：F124；X2　　　　　　　　**文献标识码**：A

Research Hotspots and Trends of Resources Environment Carrying Capacity Based on Bibliometrics and Knowledge Graph

SHI Fangchen[1,2], WEI Xiaoxuan[1,2], SHEN Liyin[1,2]*,

MENG Conghui[1,2], DU Xiaoyun[1,2]

（1. School of Management Science and Real Estate, Chongqing Unversity,

Chongqing 400044, China;

2. International Research Center for Sustainable Built Environment,

Chongqing Unversity, Chongqing 400044, China）

Abstract：Based on 526 English literatures in the core collection of Web of Science and 1,443 papers in CNKI Chinese core journals, with the help of CiteSpace software, the evolution trends of research hotspots of resources environment carrying capacity is analyzed. The result shows that the research hotspots of resources environment carrying capacity have successively experienced four stages led by "sustainable development", "quantitative model", "practical application" and "empirical case analysis", and the application of big data technology. This paper predicts that the future resources environment carrying capacity research will focus on using more abundant big data research methods to accurately describe the state of resources environment carrying capacity in order to improve the efficiency of urban governance.

Key words: resources environment carrying capacity; research hotspot and trends; bibliometrics; knowledge graph; CiteSpace

0 引 言

城市化是当今人类社会发展的主要特征。《世界人口展望 2019:发现提要》显示,全球人口已经由 1980 年的 45 亿增长到了目前的 77 亿,2050 年预计达到 97 亿。据《2018 年世界城市化展望报告》统计,截至 2018 年,世界上 55% 的人口居住在城市中,到 2050 年,全球城市化率预计达 68%。然而,快速的城镇化进程导致了一系列城市资源环境问题,如能源短缺、交通拥堵、空气污染等。据测算,城市化率每增加一个百分点,化石能源的需求量就将增加 6 980 万吨标准煤,水资源需求量就将增加 1 710 亿立方米。根据高德地图发布的《2017 年度中国主要城市交通分析报告》,2017 年中国超 26% 的城市通勤高峰处于拥堵状态。根据中华人民共和国生态环境部发布的《2019 中国生态环境状况公报》,全国 337 个地级及以上城市中有 180 个城市环境空气质量超标,占总数的 53.4%。这些"城市病"的出现反映出人类的各项生产、生活活动已经在挑战城市资源环境承载力的极限,制约经济社会的可持续发展。

为了应对"城市病"给城市资源环境承载能力带来的危机,世界各国政府近年来都在积极制定各种政策推进资源环境承载能力的提升和优化。例如,中国政府在 2014 年划定了"生态保护红线",提出要严格保护重要生态功能区、生态环境敏感区、脆弱区等区域,以提高生态系统的资源环境承载力。英国政府在 2018 年发布了《绿色未来:英国改善环境 25 年规划》,在 6 个关键领域制定了对应措施以减轻资源环境的压力,优化自然生态系统的资源环境承载力。

一直以来,学术界也十分注重资源环境承载力的研究,并取得了丰硕的成果,使得资源环境承载力的研究呈现出了很多阶段性的特征,表现出很多不同的研究热点。本文认为准确认识这些研究热点有利于准确地把握资源环境承载力研究的演化趋势,从而为进一步认识资源环境承载力的研究热点奠定基础。如果不对资源环境承载力的研究热点进行系统的认识,就难以推动有关研究理论在实践中的应用。因此,本文运用文献计量与多种可视化知识图谱方法,在扩充研究数据的基础上,对资源环境承载力的相关研究文献进行分析和综合性归纳,梳理资源环境承载力研究的发展脉络和特征,以揭示其研究热点的演化规律与未来发展态势。

1 研究方法和数据来源

1.1 研究方法

本文采用文献计量法和知识图谱分析法对资源环境承载力的研究进展和研究热点进行梳理。第一,通过文献计量法对资源环境承载力的文献进行统计分析;第二,借助 CiteSpace 5.6.5 软件通过知识图谱分析法对资源环境承载力相关的研究文献进行了关键词和研究热点的演化规律分析,以探究资源环境承载力研究的发展趋势与动向。

1.2 数据来源

本文数据来源于 WOS 核心合集和 CNKI。在 WOS 核心合集中设置检索条件为:"TI =（ecological capacity）OR TI =（urban carrying capacity）OR TI =（environment capacity）OR TI =（resource capacity）And TS =（sustainability）",其中 TI 为标题、TS 为主题,共检索到 1277 条记录,进一步选择文献类型为 article、proceeding paper 和 review,并在此基础上剔除与研究主题不相关的文献,最后筛选出 1961—2020 年的 526 篇英文文献。在 CNKI 期刊检索中设置的检索条件为:"主题",包括"承载力""可持续发展";期刊来源类别为核心期刊、CSSCI、CSCD,共检索出 1994—2020 年的 1627 篇中文文献。对检索结果进行去重、整理,剔除简讯、书评、会议、访谈等文献,最终获得 1 443 篇有效的中文文献。检索时间均为 2020 年 6 月 20 日。

2　资源环境承载力文献计量分析

对资源环境承载力文献进行计量分析是识别和分析资源环境承载力研究热点的基础。本文依次对从 WOS 核心合集和 CNKI 中收集到的文献进行计量分析。

2.1　基于 WOS 的资源环境承载力文献数量分析

从 WOS 核心合集检索得到的 526 篇英文文献数量分布情况如图 1 所示。由图 1 可知,国际上关于资源环境承载力的研究自 20 世纪 60 年代以来呈波动上升的趋势,尤其是 1994 年以后增势显著,在 2018 年该领域英文文献数量突破了 50 篇。这些数据表明,近年来资源环境承载力的研究越来越受到关注。

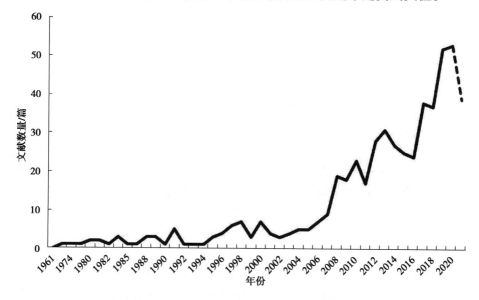

图 1　WOS 中资源环境承载力研究文献数量分布

进一步将英文文献检索结果按照期刊来源进行分类,得到资源环境承载力研究的主要来源期刊,结果如图 2 所示。由图 2 可知,在 WOS 核心合集中发表资源环境承载力研究成果较多的期刊包括 *Ecological Indicators*、*Sustainability*、*Advanced Materials Research*、*Iop Conference Series Earth and Environmental Science* 和 *Journal of Cleaner Production* 等 11 个期刊。

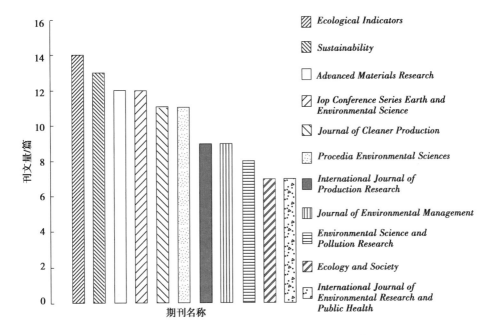

图 2　WOS 中资源环境承载力研究的主要期刊来源

再进一步将英文文献检索结果按照文献发表的来源分类,可以得出不同国家的学者发表的资源环境承载力文献数量分布图,如图 3 所示。由图 3 可以看出,

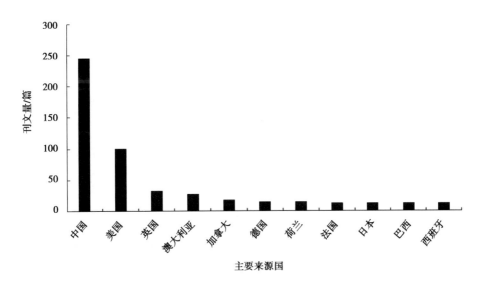

图 3　WOS 中资源环境承载力研究的主要来源国

中国在国际期刊上发表的关于资源环境承载力研究文献的数量最多,其他发表文献数量较多的国家有美国、英国、澳大利亚和加拿大等。过去几十年中国的高速城市化建设对资源环境的消耗持续增加,引起了中国学者近年来的积极关注,因此中国学者对资源环境承载力的研究成果相对较多。

2.2　基于 CNKI 的资源环境承载力文献计量分析

本文根据发表时间对从 CNKI 中检索得到的 1 443 篇中文文献进行整理,结果如图 4 所示。由图 4 可以看出,CNKI 中资源环境承载力的研究成果在 1994—2020 年的总体变化趋势为先上升后下降,其中 1994—2008 年发表的文献数量在波动中上升,2008 年文献数量达到 151 篇的历史峰值,2008 年后,每年的文献数量逐渐下降但基本维持在 60 篇左右。

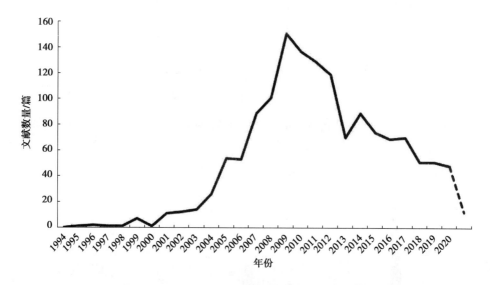

图 4　CNKI 中资源环境承载力研究文献数量分布

进一步将 CNKI 文献检索结果按照期刊来源进行分类,可以发现这些文献主要发表在 20 种中文期刊上,其分布结果如图 5 所示。由图 5 可以看出,现有文献发表在《安徽农业科学》上的数量最多,然后依次为《中国人口·资源与环境》《干旱区资源与环境》《水土保持研究》《生态经济》《生态学报》等。

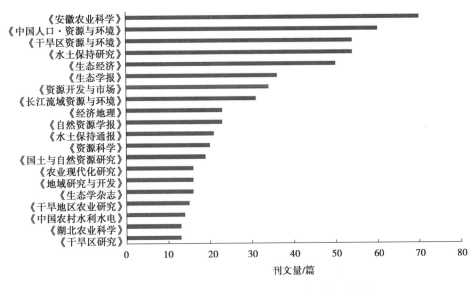

图5　CNKI 中资源环境承载力研究的主要期刊来源

3　资源环境承载力研究热点识别

某一研究领域的热点问题可以通过研究文献的关键词来反映。本文利用 CiteSpace 软件对前文整理得到的资源环境承载力文献进行关键词共现分析,得到了资源环境承载力研究的关键词,并用共现图谱展示,结果如图6和图7所示。其中,节点越大表示该关键词出现的频次越多,连线越多表示该关键词在共现网络中的作用越大,这种作用大小可以用中心度来反映。

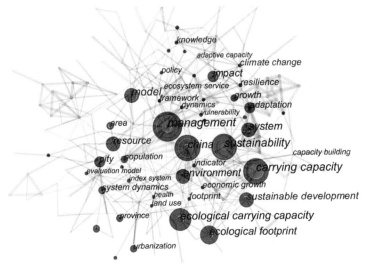

图6　基于 WOS 中资源环境承载力文献关键词共现图谱

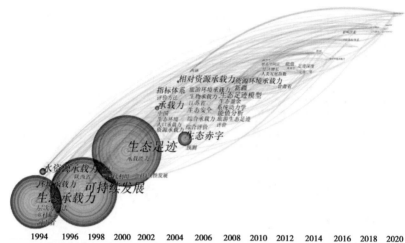

1994　1996　1998　2000　2002　2004　2006　2008　2010　2012　2014　2016　2018　2020

图 7　基于 CNKI 中资源环境承载力文献关键词共现图谱

关键词的中心度反映了其在整个关键词共现网络中的重要性,关键词的中心度是通过 CiteSpace 软件计算得到的,中心度大的关键词可以有效地代表一定时期的热点问题。图 6 和图 7 中的关键词中心度计算结果见表 1。

表 1　资源环境承载力研究关键词中心度计算结果

年份	关键词	中心度	年份	关键词	中心度
1990	model	0.07	2001	承载力	0.13
1994	生态承载力	0.44	2001	指标体系	0.06
1994	水资源承载力	0.14	2002	China	0.05
1994	management	0.09	2002	中国	0.02
1994	环境承载力	0.03	2002	sustainability	0.12
1994	河南省、陕西省	0.01	2004	ecological footprint	0.05
1995	可持续发展	0.57	2004	生态赤字	0.04
1995	carrying capacity	0.12	2005	相对资源承载力	0.03
1995	系统动力学	0.02	2005	生态安全	0.02
1996	capacity planning	0.03	2005	预测	0.01
1997	交通环境承载力	0.02	2006	生态足迹模型	0.05
1998	云南省	0.02	2006	综合评价	0.02
1999	人口承载力	0.02	2007	ecological carrying capacity	0.07
2000	sustainable development	0.05	2008	资源承载力	0.03
2000	生态足迹	0.39	2008	主体功能区	0.01

年份	关键词	中心度	年份	关键词	中心度
2008	city	0.01	2015	indicator	0.03
2009	综合承载力	0.01	2015	状态空间模型	0.01
2009	兰州市	0.01	2016	GIS 技术	0.02
2009	主成分分析法	0.01	2017	GIS 空间分析技术	0.02
2010	air pollution	0.02	2017	policy	0.03
2011	environment	0.06	2018	optimization	0.02
2011	impact	0.06	2018	risk	0.01
2011	climate change	0.02	2019	监测预警	0.03
2011	北京市	0.01	2020	预警指标体系	0.02
2012	南京市	0.01			

4 资源环境承载力研究热点演化趋势分析

结合图 1 和图 4 中关于资源环境承载力研究文献的数量分布结果以及表 1 中的信息可以看出,对资源环境承载力的研究在 20 世纪 60 年代至 20 世纪 90 年代处于初步探索阶段,1990 年后才出现明确的关键词。因此,本文将 1990 年作为资源环境承载力研究热点的演化分析的起始时间,并将资源环境承载力研究热点的演化划分为 4 个阶段:①1990—1999 年,以"可持续发展"为研究热点;②2000—2007,以"数量模型"为研究热点;③2008—2014 年,以"实际应用"和"实证案例分析"为研究热点;④2015—2020 年,以大数据应用为研究热点。

4.1 以"可持续发展"研究热点为主导的研究阶段(1990—1999 年)

根据表 1 的整理结果,1990—1999 年中心度最大的关键词是"可持续发展"(0.57),表明这一时期的研究聚焦在"可持续发展"这一研究热点上。这一阶段世界步入现代城镇化发展阶段。据统计,1990 年世界城市人口比重达到 14%,而2000 年世界城市人口比重上升到 45%。快速的城镇化和城市人口的急剧增长给资源环境承载力带来了严峻的挑战,对生态系统的良性发展和正常循环造成了严重干扰,产生了资源短缺、生态环境破坏等诸多资源环境问题。这些严峻的生态危机促使学者们从人类活动与生态系统的平衡性出发看待资源环境问题,要求人们必须以更加长远的、可持续发展的视角认识人类活动对生态系统的影响。因此,

"可持续发展"理念在这一研究时期开始深入人心,成为这一阶段资源环境承载力研究的主导方向。

从表1可以进一步发现,"生态承载力""model""系统动力学"也呈现出较高的中心度,分别为0.44、0.07和0.02,表明此阶段资源环境承载力的研究开始注重运用一系列模型和方法对生态承载力进行测算,而且开始聚焦生产生活中的具体问题,如水资源紧缺、人口膨胀、交通拥堵等,因此相关研究亦逐渐聚焦到"水资源承载力"(0.14)、"人口承载力"(0.02)、"交通环境承载力"(0.02)等更为深入的研究领域。同时还可以发现这一时期的研究对象多为"省份"(0.01~0.02)。再有,在这一研究阶段学者们已经开始提出如何利用资源环境承载力的测算结果对资源环境承载力进行提前规划"capacity planning"(0.03)和管理"management"(0.09),从而发挥资源环境承载力的研究结果在实际中的指导作用。

4.2 以"数量模型"研究热点为主导的研究阶段(2000—2007年)

由表1可以看出,2000—2007年中心度最大的关键词是"生态足迹"(0.39),其主要聚焦于衡量容纳人类所排放的废物和具有生物生产力的地域面积。其余中心度较高的关键词还包括"生态足迹模型""生态赤字""生态安全",中心度分别为0.05、0.04、0.02。这表明资源环境承载力的研究在这一时期的热点主要是用"生态足迹模型"定量评估人类活动对生态承载力的影响,即通过定量表征人类生产生活消费对自然资产的需求和利用程度,科学地测量一个地区处于"生态赤字"还是"生态盈余"状态,并为衡量地区的"生态安全"状况提供指引。

从研究对象来看,这一研究阶段的研究对象主要是"中国"和"China",其中心度分别为0.05和0.02。这是由于中国在这一阶段的城镇化水平显著提高,中国城镇化率从1978年的17.95%上升到2003年的40.5%。中国在城镇化加速阶段的粗放发展模式导致了资源的加速消耗、环境的严重污染,因此,资源环境承载力的相关研究在中国受到格外关注。

另一方面,随着生态承载力的研究逐步走向成熟,人们意识到仅仅关注自然资源环境系统中的某一方面无法全面认识人类社会可持续发展的状况。因此,资源环境承载力热点研究的视角逐步延伸到社会、经济、文化等方面,主要表现在由对自然资源或环境承载力要素如土地资源、水资源、大气环境等的研究发展到对经济、社会相关的资源环境要素如文化资源承载力、旅游资源承载力等的研究。并且这一研究阶段的研究视角更加具有综合性,即注重通过建立"指标体系"(0.06)对资源环境承载力进行"综合评价"(0.02)。

4.3 以"实际应用"和"实证案例分析"研究热点为主导的研究阶段(2008—2012年)

由表1可以看出,2008—2012年关于资源环境承载力的研究得到了深化与扩展,研究热点从宏观的国家、省域尺度的资源环境承载力研究深化到"主体功能区"(0.01)和"城市"(0.01)层面的资源环境承载力的实证研究。此阶段的资源环境承载力研究成果是制定区域主体功能区战略、完善区域空间治理的理论基础,并且在区域和城市规划实践中得到了应用。例如,资源环境承载力的有关研究为制定《中华人民共和国国民经济和社会发展第十一个五年规划纲要》提供了理论参考。

另一方面,全球城市化进程的快速推进使得城市有限的自然本底和社会资源已无法与不断加速的城市化进程相匹配,迅速的城市化导致了一系列"城市病",如气候变化"climate change"(0.02)、空气污染"air pollution"(0.02)等。作为一个集自然、经济和社会等多维度要素于一体的综合系统,城市在这一时期成了资源环境问题集中激化的敏感地和重点治理地区,因此,城市"city"(0.01)层面的资源环境"综合承载力"(0.01)研究也成为这一时期的热点研究。

4.4 以"大数据应用"研究热点为主导的研究阶段(2015—2020年)

由表1可以看出,2015—2020年,"GIS空间分析技术""policy""监测预警""预警指标体系"等是研究热点,其中心度分别为0.02、0.03、0.03和0.02。这些研究热点表明近几年来大数据技术推进了资源环境承载力研究的发展,使资源环境承载力的研究、评价方法得到了创新。特别是研究者能借助大数据技术对资源环境承载力进行更为精准、动态的刻画和风险识别"risk"(0.01),以达到对资源环境承载力进行"监测预警"(0.03)、优化"optimization"(0.02),从而在政策制定"policy"(0.03)方面使资源环境承载力的研究进一步"落地"。这些大数据技术的应用提高了资源环境承载力评价的动态性和精确性,使评价不再局限于、依赖于传统数据的静态评价,为城市的规划和管理提供了更有力的治理手段。可以相信,未来资源环境承载力的研究热点会聚焦在如何利用更加丰富的大数据技术,如通过遥感技术、GIS技术、RS技术、Python爬虫技术等获取更多的资源环境承载力实时信息数据,以更加精准地刻画资源环境承载力状态。这些研究成果可以帮助决策者更加有效、精准地认识资源环境承载力状态,从而有利于制定提升城市治理效率的政策,推动城市的可持续发展进程。

5 结 论

本文基于CiteSpace软件,运用文献计量法与知识图谱分析方法,对WOS核心合集和CNKI核心期刊的资源环境承载力研究文献进行了研究热点识别和趋势规律分析,发现资源环境承载力的研究热点是动态变化的,体现出明显的阶段性,先后经历了以"可持续发展"、"数量模型"、"实际应用"和"实证案例分析"、大数据应用为研究热点4个阶段。有些研究方向,如资源环境承载力的衡量方法、评价模型、指标体系的建立和实证研究一直是学术界的研究热点,具有较强的延续性。近几年出现的新的研究热点是利用大数据技术对资源环境承载力进行更为精准的测度和预警。可以预见,未来关于资源环境承载力领域的研究热点将主要借助大数据等高科技手段对资源环境承载力的实时变化状态进行更为精准、客观的监测,为城市管理部门提供及时的资源环境承载力现状及发展趋势预判信息,依此制定出有针对性、具时效性、可操作性强的政策,实现城市的可持续发展。

本文对资源环境承载力研究热点的演化分析,一方面可以帮助人们科学认识资源环境承载力研究现状和预判未来的研究趋势,丰富了资源环境承载力研究理论,为进一步开展资源环境承载力的研究提供了理论参考。另一方面,可以帮助实践者在为解决资源环境承载力实际问题寻找理论工具时提供系统、科学的理论指导。

本文的研究局限在于研究数据来源仅限于英文和中文两大主流数据库的文献,可能会造成其他语言文献的遗漏。研究数据的充分性和完善性需要进一步提高,因此在今后的研究中将进一步扩大研究数据来源。

参考文献

[1] 马晓河,胡拥军.中国城镇化进程、面临问题及其总体布局[J].改革,2010(10):32-47.

[2] LUO W, BAI H, JING Q, et al. Urbanization-induced ecological degradation in Midwestern China: An analysis based on an improved ecological footprint model[J]. Resources, Conservation and Recycling, 2018(137): 113-125.

[3] 封志明,李鹏.承载力概念的源起与发展:基于资源环境视角的讨论[J].自然资源学报,2018,33(9):1475-1489.

[4] 陈超美,陈悦,侯剑华,等.CiteSpaceⅡ:科学文献中新趋势与新动态的识别与可视化[J].情报学报,2009,28(3):401-421.

[5] 陈悦,陈超美,刘则渊,等.CiteSpace知识图谱的方法论功能[J].科学学研究,2015,33(2):242-253.

[6] 王小鲁.中国城市化路径与城市规模的经济学分析[J].经济研究,2010(10):20-32.

[7] 蔚芳.城市化与现代化[J].城市问题,2001(3):16-19.

[8] 夏军,王中根,左其亭.生态环境承载力的一种量化方法研究:以海河流域为例[J].自然资源学报,2004,19(6):786-794.

[9] 郭跃,程晓昀,朱芳,等.基于生态足迹的江苏省生态安全动态研究[J].长江流域资源与环

境,2010(11):1327.

[10] 刘东,封志明,杨艳昭.基于生态足迹的中国生态承载力供需平衡分析[J].自然资源学报,
2012,27(4):614-624.

[11] 贾若祥.中国城镇化发展40年:从高速度到高质量[J].中国发展观察,2018(24):17-21.

[12] 杨亮,吕耀,郑华玉.城市土地承载力研究进展[J].地理科学进展,2010,29(5):593-600.

[13] 韩俊丽,段文阁,李百岁.基于SD模型的干旱区城市水资源承载力模拟与预测:以包头市为
例[J].干旱区资源与环境,2005(4):188-191.

[14] 刘立勇,王彬,李忠武.典型城区山岳型风景区大气环境承载力分析[J].生态环境学报,
2009(2):688-692.

[15] 周彬,赵旭东,王宾梅,等.渔文化旅游资源开发潜力评价研究:以浙江省象山县为例[J].长
江流域资源与环境,2011(12):1440-1445.

[16] 熊鹰.生态旅游承载力研究进展及其展望[J].经济地理,2013,33(5):174-181.

[17] 孙茜,张捍卫,张小虎.河南省资源环境承载力测度及障碍因素诊断[J].干旱区资源与环
境,2015(7):33-38.

[18] 陈晓雨,吴燕红,夏建新.甘肃省资源环境承载力监测预警[J].自然资源学报,2019,34
(11):2378-2388.

[19] 岳文泽,王田雨.资源环境承载力评价与国土空间规划的逻辑问题[J].中国土地科学,
2019,33(3):1-8.

[20] 王静,袁昕怡,陈晔,等.面向可持续城市生态系统管理的资源环境承载力评价方法与实践
应用:以烟台市为例[J].自然资源学报,2020,35(10):2371-2384.

收稿日期:2021年8月15日。

基金项目:中央高校基地项目(No.2020CDJSK03PT18);
中央高校基金项目(2021CDJSKZD03)

作者简介:史方晨(1997—   ),女,汉族,陕西咸阳人,硕士研究生。研究方向:资源环境承载力、
城市可持续发展,E-mail:shi_fangchen@163.com。

申立银(1959—   ),男,汉族,四川苍溪人。重庆大学可持续建设国际研究中心主任,
重庆大学管理科学与房地产学院教授、博士生导师。研究方向:可持续建设等,
E-mail:shenliyin@cqu.edu.cn。

魏小璇(1993—   ),女,汉族,山西孝义人,博士研究生。研究方向:资源环境承载力、
城市可持续发展,E-mail:weixiaoxuaner@qq.com。

孟聪会(1995—   ),女,汉族,河南郑州人,博士研究生。研究方向:环境管理政策,
E-mail:mengconghui@zju.edu.cn。

杜小云(1993—   ),汉族,河南郑州人。研究方向:低碳城市,E-mail:xiaoyundu@cqu.
edu.cn。

基于双重差分模型的中欧班列
对城市外向经济的影响研究

周　滔[1,2]，汤玉琳[1]

（1.重庆大学 管理科学与房地产学院，重庆 400044；

2.重庆大学 建设经济与管理研究中心，重庆 400044）

摘　要：随着依托于"一带一路"的中欧班列物流体系日渐完善，沿途国家间的贸易往来逐渐加深，丝绸之路从原先的"商贸路"变成产业和人口集聚的"经济带"。本文采用双重差分方法，以 2004—2016 年中国 268 个地级城市面板数据为研究样本，实证检验中欧班列的开通对城市外向经济发展的影响。研究发现，中欧班列的开通使得城市外向经济度提升了 34%，其中，促进产业发展是主要途径。在此基础上，本文将城市按照不同标准分类，发现规模较大的城市、西部地区城市外向经济发展受中欧班列开通的影响更大，该结论提醒研究者关注中欧班列对各类区域细分市场的差异性影响。本文对优化城市外向经济格局，发展城市外向型经济具有一定的启示。

关键词：中欧班列；城市外向经济；双重差分

中图分类号：F127　　　　　　　　**文献标识码**：A

Research on the Impact of China-Europe Trains
on Urban Outward-Oriented Economy
Based on Double Difference Model

ZHOU Tao[1,2]，TANG Yulin[1]

（1. School of Management Science and Real Estate，

Chongqing University，Chongqing 400044，China；

2. Research Center for Construction Economics and Management，

Chongqing University，Chongqing 400044，China）

Abstract：As the logistics system of China-Europe trains relying on the "Belt and Road

Initiative" is gradually perfecting and trade between countries along the route has gradually deepened, the Silk Road has changed from the original "commerce and trade road" to an "economic belt" with industrial and population concentration. We adopted the double difference method, using the panel data of 268 prefecture-level cities in China from 2004 to 2016 as a research sample to empirically test the impact of the opening of the China-Europe trains on the outward-oriented economic development of cities. The study found that the opening of China-Europe trains promoted the development of cities' outward-oriented economy by 34%, and the promotion of industrial development was the main way. On this basis, the paper categorizes cities according to different standards. The study finds that larger cities and cities in the western region are more affected by the opening of China-Europe trains, which reminds researchers to pay attention to the differential impact of China-Europe Express trains on various regional market segments. This conclusion has certain enlightenment for optimizing the city's outward-oriented economic pattern and developing the city's outward-oriented economy.

Key words: China-Europe trains; urban outward-oriented economy; difference in difference

0 引 言

经济全球化背景下的今天,任何国家都难以独自发展,良好的对外合作及贸易分工能使经济向集约化和多样化发展,中欧班列即是"一带一路"倡议中加强贸易畅通与道路联通的标志性成果。中欧班列是往来于中国与欧洲及"一带一路"沿线国家的铁路集装箱货运班列,2019 年中欧班列开行 8225 列,发运 72.5 万标箱。中欧班列凭借其运输时间是海运时间的三分之一、运输价格是空运的五分之一的物流比较优势,为我国扩大对外开放提供新平台,促进与沿线国家贸易往来。中欧班列是否能带动沿线城市的外向经济发展? 其影响路径是什么? 对不同类型的城市影响是否存在差异? 这些均是我国高质量发展外向经济亟须解决的问题。本文基于 268 个地级市 2004—2016 年的相关社会经济数据,考虑到中欧班列的开通分地区逐年推进的特征,借鉴计量经济学"准自然实验"和"双重差分模型"的方法估计中欧班列的开通对城市外向经济影响的因果效应的大小,并探寻其影响途径。

1 研究假设

张幼文(1999)将外向经济总结为:国家或地区以国际市场需求为导向,以发展经济为目标,积极参与国际分工和国际竞争而建立的经济结构、经济运行机制和经济运行体系。关于交通基础设施对外向经济的影响已被很多经典文献所证实,通过文献梳理可以发现,中欧班列对城市外向经济的促进作用主要是通过降低贸易成本、形成产业集聚两方面实现的。首先是降低贸易成本,英国学者约翰·穆勒认为港口和大型商贸通航河流可以节省运输费用,运输费用的高低将影响国际贸易交换。新经济地理学派于20世纪90年代在已有范式基础上延伸分析了空间因素,并将运输成本视作影响细化分工与产业集聚的重要原因。尽管海运凭借其低运输成本在国际贸易货运中占极大份额,但是它受天气状况及港口限制,运输中存在极大的不确定性。虽然海运运输成本低,但是时间成本高和货物存在一定损失率,因此贸易成本直线上升。而中欧班列采用标准化集装箱进行铁路货运,运输时间短,能有效解决货运物资周转时间长的问题,加上开通初期政府的补贴,在一定程度上贸易成本较海运更低。因此,相比船运和空运,铁路运输在中欧贸易中带来了成本下降,带动了相应外向型产业的蓬勃发展,进而促进了外向型经济发展。第二是中欧班列推动产业集聚。中欧班列的开通使得生产要素不断向沿线地区流动,各地区根据自身的禀赋发展转口贸易或者加工贸易,进一步促进产业聚集,实现规模经济。金煜等(2006)、杨洪焦等(2008)指出,优化交通基础设施,可以降低运输成本,改变区域之间的贸易流,形成产业集聚,吸引生产要素流入,从而促进区域经济繁荣。中欧班列对产业的带动机制由对外贸易和外商直接投资两部分组成,通过带动外向型产业发展促进城市经济增长。中欧班列对城市外向经济的影响传导机制如图1所示。

基于以上分析提出研究假设1:开通中欧班列的城市外向经济发展状态比相似区位没有开通中欧班列的城市更好,即中欧班列正向促进了城市外向经济发展。

我国幅员辽阔,上述影响在不同规模、不同区域的城市中可能会表现出不同的效果。马歇尔(1890)将聚集经济的来源概括为:专业化的分工及劳动力的聚集、中间产品的规模经济和地方性的技术外溢。王小鲁(2010)认为我国现下大城市由于集聚效应通过吸引大量投资、生产力及各项生产要素实现快速发展;除此之外,大城市人均交通基础设施投入及营运成本会比小城市低,相同投入情况下,大城市的经济收益更高。

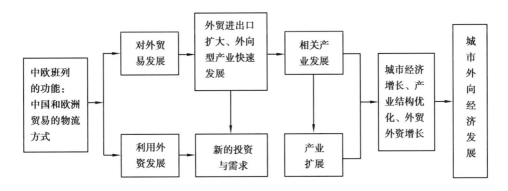

图1　中欧班列对城市外向经济的影响传导机制图

基于以上分析提出研究假设2:城市外向经济的发展与城市规模有关,中欧班列对规模较大的城市的外向经济影响更大。

自改革开放以来,我国的开放路径已然呈现出东、中、西区域不平衡发展的特点,沿海开放战略使东部地区经济吸纳了各种生产要素后飞速发展;西部地区基础设施相对落后,贸易主要在区域内部发生并且贸易运输成本高,商品贸易被封闭在区域内,生产要素难以流通,资源配置难以实现帕累托效最优。这也进一步导致西部地区和东部地区经济差距扩大。贝伦斯(2004)认为运输成本影响贸易量,交通基础设施完善的地区拥有更高的国际贸易流量,带动生产要素流入,形成专业化分工,促进区域均衡发展。赵红霞等(2019)认为"一带一路"倡议的制定和实施,为内陆地区经济的发展提供了良机,各类生产要素依托中欧班列从东部流转到西部,西部地区在世界范围内扩展贸易对象,建设西部地区建立对外贸易通道,形成产业聚集,逐渐消除东西部地区之间不均衡发展现象,深化我国区域经济一体化发展。因此,可以预期中欧班列对东、中、西部地区城市外向经济的影响将呈现"边际效应递减"的规律,已经拥有大量开放资源的东部地区收益将小于西部地区收益。

基于以上分析提出研究假设3:城市外向经济与城市区位有关,中欧班列对中西部城市的外向经济影响更大。

2　模型构建与数据来源

2.1　中欧班列对城市外向经济的影响模型

本文采用双重差分模型检验中欧班列的开通是否推动了城市外向经济的发

展。双重差分的主要思想是:通过计算外生政策带来的横向单位和时间序列两个方面的差值,最终识别该政策的"处理效果"。本文将 268 个地级市分为受中欧班列开通影响的实验组和不受中欧班列开通影响的对照组,通过双重差分方法得到实验组和对照组在中欧班列开通前后指标变化量的差值,从而确定中欧班列开通对城市外向经济影响的净"处理效果"。变量"是否开通中欧班列"取值规则为:城市开通中欧班列当年及以后取值为 1,否则为 0。利用双重差分识别中欧班列的因果效应。模型如下:

$$\ln OOE_{ct} = \alpha + \beta_1 (Dstation_c \times After_t) + \gamma \times X_{ct} + \mu_c + v_t + \epsilon_{ct} \tag{1}$$

式中,下标 c 指代城市,t 为时间,$\ln OOE_{ct}$ 指取自然对数值的外贸进出口总额。实验期内开通中欧班列的城市 $Dstation_c$ 取值为 1,否则为 0。如果中欧班列开通时间为 t,则 t 年及 t 年之后的 $After_t$ 取值为 1,反之为 0。X_{ct} 为影响城市外向经济且随时间和城市变动的控制变量。μ_c 为个体固定效应,v_t 为时间固定效应,ϵ_{ct} 为残差项,β_1 为双重差分统计量,即中欧班列开通影响的净效应。若 β_1 在一定统计水平下显著为正,则表明中欧班列的开通促进了城市外向经济发展;若 β_1 在一定统计水平下显著为负,则表明中欧班列的开通对城市外向经济的影响不显著。参考现有学者的成果,本文加入经济总量因素、社会发展因素和区位与基础设施因素等作为控制变量,使结果更加精确。

2.2　中欧班列对不同类型城市外向经济的影响模型

模型(1)反映了中欧班列对城市外向经济的总体影响。在其基础上,选取城市规模、城市区位两个城市特征作为分类标准,加入中欧班列开通与城市特征的交互项来检验中欧班列对不同类型城市的外向经济的影响。模型如下:

$$\ln OOE_{ct} = \alpha + \beta_2 (CHARA_c \times Dstation_c \times After_t) + \gamma \times X_{ct} + \mu_c + v_t + \epsilon_{ct} \tag{2}$$

$CHARA_c$ 分别代表城市规模($SIZE_c$)、城市区位($LOCA_c$)。交互项系数表明中欧班列开通对不同类型城市外向经济影响的差异。如果交互项系数 β_2 显著,则说明中欧班列开通对某一类型城市的外向经济存在影响;若交互项不显著,则说明中欧班列对不同类型城市外向经济影响没有显著的差别。

需要说明的是,$SIZE_c$ 是城市的人口规模,依据户籍人口数量将城市划分为 3 类:城区户籍人口 100 万至 500 万的为大城市;城区户籍人口 500 万至 1 000 万的为特大城市;城区户籍人口 1 000 万以上的为超大城市。根据城市人口数量将该项变量取 1,否则为 0,如 300 万城区户籍人口的城市将在大城市取 1,中等城市及超大城市取 0。LOCA$_c$ 是城市的区位虚拟变量,根据地理区划分为西部、中部、东部三大区域,根据所处位置将该项变量取 1,否则为 0。

2.3 实验变量选择

外向经济指的是国家的经济贸易政策对本国的生产销售行为和出口行为持同等重视的态度。一般认为外向经济包含了以下几项基本内容:基于国外市场的需求,发展经济,建立对外贸易体制,参与国际分工合作。外向经济的具体内容还包括一系列的经贸合作,如引进外资、劳务输出、国际工程承包等,梳理已有文献,结合科学易度量的原则,本文将外向经济度定义为与国际贸易相联系的程度,着重从对外贸易方面进行考察。

现有文献对外向经济度的定义各不相同,一般采用外贸依存度,即"进出口贸易额占 GDP 的比例"代表外向经济度。除采用单一指标外贸依存度外,还有许多学者提出用综合指标体系来对城市外向经济进行测度。王青(2010)主要从对外贸易、利用外资、对外经济合作这 3 个方面共同衡量区域外向经济。谢守红(2003)则是从对外贸易总额和人均额度出发,选用指标对我国中心城市的外向经济进行度量。基于已有研究成果,本着指标的科学性、代表性和数据的可获得性原则,采用单指标法从外贸角度衡量城市外向经济度,具体用城市对外贸易进出口总额的自然对数进行表示。

参考现有文献选择控制变量。首先,经济总量指标用人均 GDP 的对数值表示经济发展水平,经济发展水平会在一定程度上影响城市外向经济;用二、三产业占GDP 比重表示产业结构,二、三产业发展对外贸和外资的吸引会影响城市外向经济。其次,社会发育指标用职工平均工资的对数值表示区域收入水平,社会发育程度高的地区一般会有更多对外贸易机会;政府支出反映政府政策和政府干预对城市外向经济的影响,用财政支出占 GDP 比重表示。最后,区位与基础设施指标用固定资产投资额的对数值表示区域固定资产投资水平,固定资产投资水平不仅能带动地区经济发展,随着资本投入,将会带来更多的贸易合作;用全年总用电量(POW)的对数值表示区域能源消耗,一般位于核心区位或基础设施较为发达的地区消耗的能源越多。

2.4 样本选择与数据来源

本文根据《国民经济和社会发展统计公报》《中国统计年鉴》《城市建设统计年鉴》及《城市统计年鉴》收集整理、计算出文章所需数据。研究对象为全国地级市,实证研究区间为 2004—2016 年,中欧班列开通数据根据中欧班列网站查询。另外,剔除部分地区数据缺失,因此研究数据共包括 268 个地级市。考虑到统计年鉴及国民经济和社会发展统计公报部分指标缺失的问题,采用非平衡面板数据,统计结果见表 1。

表 1　主要变量描述性统计

	变量	均值	标准差	最小值	最大值
被解释变量	外贸进出口额(自然对数)	11.660 6	2.128 9	4.69	19.47
解释变量	第二产业 GDP 占比	0.489 4	0.103 7	0.019 3	0.859 2
	第三产业 GDP 占比	0.369 9	0.087 1	0.110 5	0.802 3
控制变量	全年总用电量(自然对数)	12.827 6	1.195	6.965 9	16.514 2
	职工平均工资(自然对数)	10.288 1	0.525 7	8.733 5	12.678
	人均 GDP(自然对数)	10.154 4	0.773 6	4.595 1	13.055 7
	固定资产投资额(自然对数)	15.554	1.122 6	12.266 6	18.965 7
	财政支出 GDP 占比	0.151 3	0.074 8	0.040 5	1.485 2

3　实证结果分析

3.1　中欧班列对城市外向经济的影响

该部分重点关注中欧班列对城市外向经济影响的因果效应。表 2 展示了中欧班列对城市外向经济影响的估计结果。

表 2　中欧班列对城市外向经济的影响:DID 估计结果

变量	(1)	(2)
$Dstation_c \times After_t$	0.284 ***	0.341 ***
	(0.010)	(0.096)
第二产业 GDP 占比		3.765 ***
		(0.392)
第三产业 GDP 占比		2.600 ***
		(0.484)
年人均 GDP(自然对数)		0.203 ***
		(0.066)

续表

变量	（1）	（2）
职工平均工资（自然对数）		−0.085
		(0.091)
固定资产投资额（自然对数）		0.101**
		(0.040)
全年总用电量（自然对数）		0.094***
		(0.030)
财政支出 GDP 占比		0.430*
		(0.245)
时间固定效应	是	是
地区固定效应	是	是
样本数	3 484	3 478
R^2_a	0.604 7	0.635 6

注：括号内聚类于地级市的标准误，显著性水平分别为 *** $p<0.01$、** $p<0.05$、* $p<0.1$，表 3 同。

模型（1）是不含控制变量的估计结果，$Dstation_c \times After_t$ 的系数 β_1 在 10% 的水平上显著为正。在模型（1）的基础上加入了可能会影响城市外向经济的控制变量，得到中欧班列开通后，在 1% 的水平上对外向经济效应正向促进 34%。模型（1）和模型（2）说明中欧班列的开通显著地提高了城市外向经济，验证了本文的研究假说 1。从具体指标看，财政支出 GDP 占比、区域全年用电量、固定资产投资、人均 GDP 均和外向经济呈正向影响作用，其影响途径均作用于产业的提升进而促进外向经济。

3.2 中欧班列对不同类型城市外向经济的影响

3.2.1 城市规模效应

在检验了中欧班列对城市外向经济的"净影响"后，进一步地根据城市特质进行分类考察。首先，我们考察不同规模城市的外向经济受中欧班列开通影响的差异。不同规模城市对生产要素及对外贸易吸引能力不同，因此，中欧班列对不同规模城市的外向经济的影响也会呈现不同的特征。本文以中欧班列的开通与城市规模的交叉项（$SIZE_c \times Dstation_c \times After_t$）来表示中欧班列对不同规模城市外向经济影响的差异，基本回归结果见表 3。

表 3　中欧班列对不同类型城市外向经济影响:城市规模

变量	(1)大城市	(2)特大城市	(3)超大城市
$SIZE_c \times Dstation_c \times After_t$	0.198*	0.349*	0.602***
	(0.205)	(0.131)	(0.187)
第二产业 GDP 占比	3.720***	3.729***	3.707***
	(0.392)	(0.392)	(0.391)
第三产业 GDP 占比	2.600***	2.639***	2.615***
	(0.484)	(0.485)	(0.484)
年人均 GDP	0.206***	0.205***	0.200***
	(0.066)	(0.066)	(0.066)
职工平均工资	−0.088	−0.087	−0.092
	(0.092)	(0.092)	(0.091)
固定资产投资额	0.097**	0.100**	0.103**
	(0.041)	(0.041)	(0.040)
全年总用电量	0.098***	0.096***	0.096***
	(0.030)	(0.030)	(0.030)
财政支出 GDP 占比	0.395	0.413*	0.398
	(0.245)	(0.245)	(0.245)
时间固定效应	是	是	是
地区固定效应	是	是	是
样本数	3 478	3 478	3 478
R^2_a	0.634 5	0.634 4	0.635 3

注:实验对象中无中小型城市在试验期间开通中欧班列。

　　表 3 显示,中欧班列的开通提升了所有规模城市的外向经济度,其中影响最大的是超大城市,提升了 60.2%的外向经济度,验证了本文的研究假说 2。这主要是因为:第一,规模更大的大城市在外贸基础禀赋更高,利用中欧班列发展城市外向经济能力更强;第二,中欧班列对城市外向经济影响较大,所以更依赖于城市外向经济而发展的大型城市能得到更好发挥。

3.2.2　城市区位效应

　　该部分以城市区位特征对城市进行分类,采用是否属于东部、中部、西部表示城市区位的虚拟变量与中欧班列开通的交互项($LOCA_c \times Dstation_c \times After_t$)来检验中欧班列开通对不同地区外向经济影响的差异。模型中系数β_2表示中欧班列对不同区位城市外向经济影响的差异,基本回归结果见表4。

表4　中欧班列对不同类型城市外向经济影响:城市区位

变量	(1)西部城市	(2)中部城市	(3)东部城市
$SIZE_c \times Dstation_c \times After_t$	0.535***	0.539***	0.004
	(0.160)	(0.166)	(0.188)
第二产业 GDP 占比	3.730***	3.761***	3.704***
	(0.392)	(0.392)	(0.392)
第三产业 GDP 占比	2.604***	2.708***	2.607***
	(0.484)	(0.485)	(0.485)
年人均 GDP	0.199***	0.200***	0.206***
	(0.066)	(0.066)	(0.066)
职工平均工资	−0.092	−0.085	−0.089
	(0.091)	(0.091)	(0.092)
固定资产投资额	0.097**	0.101**	0.099**
	(0.098)	(0.040)	(0.041)
全年总用电量	0.040***	0.096***	0.097***
	(0.030)	(0.030)	(0.030)
财政支出 GDP 占比	0.397	0.421*	0.394
	(0.245)	(0.245)	(0.245)
时间固定效应	是	是	是
地区固定效应	是	是	是
样本数	3 478	3 478	3 478
R^2_a	0.635 4	0.635 3	0.634 1

表4 显示,中欧班列对西部城市和中部城市的结果显著,均正向提升了53%左右。东部城市结果不显著,可能是由于东部沿海地区,从改革开放以来对外经济水平一直大幅度领先于西部,中欧班列不会对其外向经济产生显著改变。控制变量中,非农业占比、人均 GDP、固定资产投资额、全年总用电量表现出显著的正向影响。

3.3 稳健性检验

3.3.1 安慰剂检验

本文采用双重差分的方法,对时间效应和个体效应进行控制,并添加了控制变量,使回归方程更具可信性,但无法排除不可观测且随时间变化的系统性差异会影响外向经济的增长,而非中欧班列带来的影响。为了避免这种情况,本文将采用安慰剂检验法。参考邓涛涛等(2018)的做法,将实际开通中欧班列的城市的开通时间提前两年,加入中欧班列开通前一年和中欧班列开通前两年两个虚拟变量。如果均不显著则说明虽然中欧班列真正开通时间前,是否开通中欧班对外向经济影响不显著,对实验组和对照组影响并无区别,符合前提假定,结果见表5。

表5 安慰剂检验结果

变量	(1)当年	(2)提前一年	(3)提前两年
$Dstation_c \times After_t$	0.341*** (0.096)	0.302 (0.187)	0.274 (0.180)
第二产业 GDP 占比	3.765*** (0.392)	3.765*** (0.392)	3.762*** (0.392)
第三产业 GDP 占比	2.600*** (0.484)	2.600*** (0.484)	2.653*** (0.484)
年人均 GDP	0.203*** (0.066)	0.203*** (0.066)	0.210*** (0.066)
职工平均工资	−0.085 (0.091)	−0.084 (0.091)	−0.083 (0.091)
固定资产投资额	0.101** (0.040)	0.100** (0.040)	0.099** (0.040)
全年总用电量	0.094*** (0.030)	0.094*** (0.030)	0.094*** (0.030)
财政支出 GDP 占比	0.430* (0.245)	0.434* (0.245)	0.438* (0.245)
时间固定效应	是	是	是
地区固定效应	是	是	是
样本数	3 478	3 478	3 478
R^2_a	0.635 6	0.635 5	0.635 4

表5显示,中欧班列开通前一年和前两年的高速铁路虚拟变量均不显著,中欧班列实际开通之后,中欧班列虚拟变量与处理变量的交互项显著为正,即中欧班列的开通显著影响了城市外向经济水平。

3.3.2 平行趋势检验

双重差分方法的前提是符合平行趋势假定。即验证实验组和对照组在中欧班列未开通之前城市外向经济是否具有相同的趋势,只有满足其变化趋势没有显著差异,其论证结果才是无偏差的。参考 Beck 等(2010)的做法来验证平行趋势假设,即在中欧班列运行前,开通中欧班列城市与未开通中欧班列城市外向经济度的变动趋势不存在显著差异,中欧班列运行后则存在显著差异。为检验平行趋势假设,本文在模型(1)的基础上设定如下模型:

$$\ln OOE_{ct} = \alpha + \beta_3 \times Year_{dct} + \gamma \times X_{ct} + \mu_c + v_t + \epsilon_{ct} \tag{3}$$

式中,$Year_{dct}$是一个虚拟变量,第 t 年为城市开通前或开通后的第 d 年($-5 \leqslant d \leqslant 5$),如果城市在实验期间开通了中欧班列,则$Year_{dct}$取 1,否则为 0。在此处,衡量中欧班列开通前 5 年与开通后 5 年外向经济度的变化。若开通前β_3不显著,则说明平行趋势假说成立。

图 2 表示城市外向经济度在中欧班列开通前后的系数变化情况。回归结果显示,在 5% 的显著度上,开通中欧班列前 5 年的β_3的系数未呈现出一定规律且不显著异于 0,开通中欧班列后 5 年的β_3的系数显著异于 0,由此表明平行趋势假设成立。

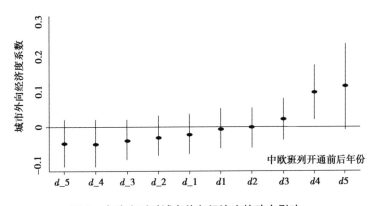

图 2　中欧班列对城市外向经济度的动态影响

4 结论与启示

4.1 主要研究结论

依托"一带一路"开通的中欧班列促进了中国与欧洲的贸易往来,加深了彼此的联系。本文综合利用双重差分模型,收集了2004—2016年中国268个地级市的面板数据,将中欧班列开通作为准自然实验,实证考察了中欧班列对城市外向经济的影响。本文的主要研究发现是:①中欧班列的开通提升了城市外向经济。在中欧班列对城市外向经济影响的估计中,中欧班列变量系数显著为正,说明中欧班列的开通促进了城市外向经济发展。②本文从城市规模、城市区位两个特征角度检验中欧班列对不同类型城市外向经济影响的差异。首先,中欧班列对不同规模城市的外向经济水平影响不同,大城市外向经济受中欧班列影响更大;其次,根据城市区位将城市分类,发现中、西部城市外向经济度受中欧班列影响更大。这些结论提醒研究者不仅要研究中欧班列对城市外向经济的一般性影响,更要研究中欧班列对各类区域细分市场的差异性影响。本文的研究发现,为后续研究中欧班列通过城市、产业经济产生对外向经济影响的研究提供了一个经验基础,对构建全面评估中欧班列对城市外向经济影响的分析框架具有一定的启示。

4.2 相关政策含义

本文的政策含义如下:第一,本文证实了中欧班列对城市外向经济的因果效应,即中欧班列的开通在一定程度上促进了城市外向经济发展。因此在考虑城市未来发展时,加强对外贸易通道建设是提升城市外向经济的良好途径之一。第二,本文分析了中欧班列对城市外向经济的影响路径,主要是由产业发展吸引大量劳动力和资本,加深往来贸易,促进外向经济发展。第三,文章关注了城市区位特征,即得出了规模更大的城市其城市外向经济受中欧班列开通的影响更大,中、西部城市受中欧班列开通的影响更大。因此各城市在做相关贸易通道规划时,应与城市自身发展阶段与特质相结合,以使城市外向经济可持续发展。根据本文的研究发现,中欧班列可以促进城市外向经济发展。由于中欧班列最早是2011年开通,本文只能观察到中欧班列对城市外向经济短期影响,其长期影响需要未来长期进一步跟踪调查。

参考文献

[1] 林备战.中欧班列:2019 年提质增效明显[J].中国远洋海运,2020(3):54-55,9.

[2] 张幼文.中国开放经济理论的形成及其特点[J].学术月刊,1999(7):98-103.

[3] ADAM S. An inquiry into the nature and causes of the wealth of nations[M]// An Inquiry into the Nature and Causes of the Wealth of Nations, 2013.

[4] FELIPE J, KUMAR U. The Role of Trade Facilitation in Central Asia: A Gravity Model[J]. Eastern European Economics, 2012(4): 5-20.

[5] ROSA P, LUISA M, LEANDRO G. Logistics performance and export competitiveness: European experience[J]. Empirica, 2014, 41(3): 467-480.

[6] 约翰·穆勒.政治经济学原理及其在社会哲学上的若干应用(下卷)[M].北京:商务印书馆,1991.

[7] 董桂才.我国地区对外贸易存在"距离之谜"吗?[J].国际经贸探索,2013(12):25-33.

[8] 尹希果,刘培森.城市化、交通基础设施对制造业集聚的空间效应[J].城市问题,2014(11):13-20.

[9] 金煜,陈钊,陆铭.中国的地区工业集聚:经济地理、新经济地理与经济政策[J].经济研究,2006(4):79-89.

[10] 杨洪焦,孙林岩,吴安波.中国制造业聚集度的变动趋势及其影响因素研究[J].中国工业经济,2008(4):64-72.

[11] MARSHALL A. The Principles of Economics[J]. Political Science Quarterly, 2004, 77(2): 519-524.

[12] 王小鲁.中国城市化路径与城市规模的经济学分析[J].经济研究,2010,45(10):20-32.

[13] 韩永彩,陈和平.组团广西沿海港口群促进西南民族地区对外贸易发展[J].商场现代化,2009(6):239-240.

[14] BEHRENS K. International Integration and Regional Inequalities: How Important is National Infrastructure? [J]. LIDAM Discussion Papers CORE, 2004(66): 84-99.

[15] 赵红霞,杨美荣.中欧班列对拉动中西部开发机制研究[J].商场现代化,2019(9):67-69.

[16] 周黎安,陈烨.中国农村税费改革的政策效果:基于双重差分模型的估计[J].经济研究,2005(8):44-53.

[17] 宫占奎.WTO 规则与中国产业命运[M].天津:天津人民出版社,2000.

[18] 世界银行.1997 年世界发展报告:变革世界中的政府[M].北京:中国财政经济出版社,1997.

[19] NAS T F, PRICE A C, WEBER C T. A Policy-Oriented Theory of Corruption[J]. The American Political Science Review, 1986, 80(1): 107-119.

［20］陈家勤.对外贸易在全面建设小康社会中的重要作用:经济增长导向的外贸发展战略研究
　　　［J］.国际经贸探索,2003(2):4-10.

［21］卿定文,程掀.改革开放以来中国经济外向发展的进程、特点及趋势分析［J］.经济问题探
　　　索,2007(4):37-42.

［22］刘乃全,贾彦利.区域政策、区域对外开放与区域外向经济发展差异［J］.当代经济管理,
　　　2008(10):65-72.

［23］FENG Y, WU C F. Is China's Economic Growth Extraordinary or Mediocre? The Role of the
　　　Exchange Rate［J］. China & World Economy, 2008, 16(01): 100-116.

［24］王青.浙江省经济综合外向度的统计分析［J］.统计科学与实践,2010(11):32-34.

［25］谢守红.我国中心城市外向型经济发展水平的测度与比较［J］.经济地理,2003(2):238-241.

［26］邓涛涛, 王丹丹. 中国高速铁路建设加剧了"城市蔓延"吗? ——来自地级城市的经验证
　　　据［J］. 财经研究, 2018, 44(10):125-137.

［27］BECK T, LEVINE R, LEVKOV A. Big Bad Banks? The Winners and Losers from Bank
　　　Deregulation in the United States ［J］. Social Science Electronic Publishing, 2007 (65):
　　　1637-1667.

收稿日期:2020 年 12 月 12 日。

基金项目:重庆市社会科学规划重大项目(项目号:2017ZD07)

作者简介:周滔(1978—　　),男,河南南阳人,教授,博士,主要研究方向为区域经济。E-mail:
　　　　　　taozhou@ cqu.edu.cn;

　　　　　　汤玉琳(1996—　　),女,重庆人,硕士研究生,主要研究方向为城市经济。E-mail:
　　　　　　1320961444@ qq.com。

成渝地区双城经济圈
县域经济差异时空演变研究

洪杨杨[1]

（1.重庆大学 管理科学与房地产学院，重庆 400044）

摘　要：本文选取1998—2018年成渝双城经济圈内156个区县的人均GDP为研究指标，采用加权变异系数、泰尔指数、空间相关性、经济重心等传统区域经济差异统计与空间计量分析相结合的方法揭示其时空演变特征。结果表明：①该区域经济总体差异呈不断缩小的趋势，区域内差异是总体差异的主要来源；②县域经济在空间上呈现出显著的集聚状态，在局部空间格局上，体现了边缘化特征和俱乐部趋同现象；③在双核城市相向发展的趋势下，经济重心开始向东南方向迁移，并最终达到相对稳定。

关键词：县域经济；双城经济圈；空间相关性；区域差异

中图分类号：C93　　　　　　　　**文献标识码**：A

Research on the Spatio-temporal Evolution of
County Economic Disparity
in Chengdu-Chongqing Economic Circle

HONG Yangyang[1]

（1. School of Management Science and Real Estate，

Chongqing University，Chongqing 400044，China）

Abstract：This paper uses the per capita GDP of 156 districts and counties in Chengdu-Chongqing Economic Circle as the research indicator，using the weighted coefficient of variation，Theil index，spatial correlation，economic center of gravity and other traditional regional economic difference statistics and spatial econometric analysis. The combined method reveals its temporal and spatial evolution characteristics. The results show that：①The overall economic differences in the region are shrinking, and intra-regional differences are the main source of the overall differences. ② The county economy shows a significant spatial agglomeration；in the local spatial pattern, it reflects Marginalization and Club convergence. ③Under the trend of mutual development of dual-core cities, the economic center of gravity began to move to the southeast and eventually reached relative stability.

Key words：county economy；Chengdu-Chongqing Economic Circle；spatial correlation；regional difference

0 引 言

区域经济差异作为区域经济学、经济地理学等的热点问题,究其原因主要是资源禀赋、政策及历史文化的差异所引起。改革开放以来,中国经济在高速增长的同时,区域经济差异的不断扩大,引起了学术界广泛关注。主要表现在以下几方面:①研究理论基于 F. Perrour 的增长极理论、J. R. Friedman 的中心—外围理论、Willianmson 的倒"U"形理论。②研究尺度由国家、城市群、经济区过渡到省域单位,基本研究单元由地市转向更加精细化的县域乃至镇域,已有文献对于西部地区县域经济问题的关注相对较少。③研究方法由经典统计学方法,如标准差、变异系数、基尼系数、泰尔系数等时间维度指标,过渡到借助 ESDA 方法,从空间视角分析区域经济重心迁移轨迹、空间自相关性、区域经济发展影响因素等。

自重庆直辖以来,成渝地区经济迎来高速发展,人均 GDP 从 1998 年的 4 796 元攀升到 2018 年的 57 509 元,但县域经济内部的差异不容小觑。1998 年县域人均 GDP 最高的为锦江区 18 852 元,是人均最低巫溪县 1 410 元的 13.37 倍,2018 年则为 8.85 倍,经济极化现象依然显著。本文以 1998—2018 年双城经济圈内各区县人均 GDP 为基础,采用加权变异系数、泰尔指数、空间相关性、经济重心等传统区域经济差异统计与空间计量分析相结合的方法,研究双城经济圈内县域经济发展格局的时空演变规律,为明确双城经济圈内各区县分工定位,促进该区域经济协调发展提供理论支撑。

1 研究范围与数据来源

本文研究范围为《成渝城市群发展规划》界定的 16 个城市,为确保城市的完整性,本文以此 16 个城市所包含的全部 156 个区县为基本研究单元,以人均 GDP 数据为指标,研究双城经济圈内县域经济的时空演化特征。参照四川省经济区划分及重庆市功能区域划分,将双城经济圈内区县划分为 6 大区域,如图 1 所示。研究数据源于 1999—2019 年的《中国城市统计年鉴》《四川省统计年鉴》及《重庆市统计年鉴》。图像资料来源于 1∶400 万的中国基础地理矢量数据。

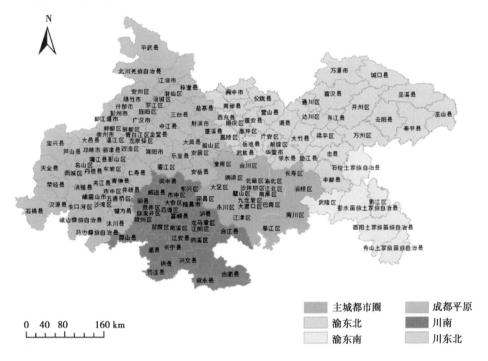

图 1 成渝地区双城经济圈县域单元及功能区域划分[审图号:GS(2019)3333]

2 研究方法

2.1 加权变异系数

变异系数是样本的标准差与均值的比值,可以反映某种属性间的差异程度,本文采用人口加权变异系数来测度区域发展不平衡的程度。其计算公式如下:

$$CV = \sqrt{R_i \times \sum_{i=1}^{n} (Y_i - \bar{Y})^2 / \bar{Y}}$$

式中:Y_i 为 i 县域人均 GDP,Y 为双城经济圈人均 GDP,R_i 为 i 县域人口占双城经济圈总人口的比重。

2.2　泰尔指数

泰尔指数具有把整体的差异性分成组内差异与组间差异,可用来分析区域总体差异、组内与组间差异的变化过程。其计算公式如下:

$$T = T_b + T_W = T_b + \sum_{i=1} G_i \times T_{W_i}$$

$$T_{W_i} = g_j \times \log \frac{g_j}{r_j}$$

$$T_b = \sum_{i=1}^{n} G_i \times \log \frac{G_i}{R_i}$$

式中:T 为区域内总体差异,T_b 为区际间差异,T_W 为区域内差异,G_i 为 i 区域 GDP 总量占双城经济圈总 GDP 的比重,R_i 为 i 区域总人口占双城经济圈总人口的比重,g_j 为 i 区域内 j 县域 GDP 占 i 区域总 GDP 的比重,r_j 为 i 区域内 j 县域人口占 i 区域总人口的比重。

2.3　县域经济重心

县域经济重心指的是某个时期在一定区域内县域经济分布在空间平面上力矩达到平衡的点。通过对比不同时期重心的变化轨迹,反映县域经济空间演变过程及其规律,公式如下:

$$X = \frac{\sum_{i=1}^{n} A_i X_i}{\sum_{i=1}^{n} A_i} \qquad Y = \frac{\sum_{i=1}^{n} A_i Y_i}{\sum_{i=1}^{n} A_i}$$

式中,X、Y 分别表示县域经济重心的经纬度坐标,X_i、Y_i 分别表示第 i 个县域的地理中心坐标,A_i 表示 i 县域人均 GDP。

2.4　空间自相关性

2.4.1　全局空间自相关

空间自相关反映了一个区域单元上的某种属性值与邻近区域单元属性值的相关程度,常用 Global Moran's I 指数来测度,表达式为:

$$I = \frac{\sum_{i=1}^{n} \sum_{j=1}^{n} w_{ij} (x_i - \bar{x})(x_j - \bar{x})}{S^2 \sum_{i=1}^{n} \sum_{j=1}^{n} w_{ij}}$$

式中,n 为样本数;S^2 为样本的方差,x_i 和 x_j 分别表示某属性值 x 在空间单元 i 和 j 上的观测值,$\bar{x}$ 是研究对象 x 的平均值,w_{ij} 为空间权重矩阵。

2.4.2 局部空间自相关

全局空间自相关只能够说明所有区域与邻近区域之间空间差异的平均程度,因此需要空间局部自相关来衡量每个空间要素属性局部的相关性质。本文拟采用 LISA 显著性分析。

LISA 指数是全局空间自相关指数的分解形式,可以具体度量每个区域单元与邻近单元之间的局部空间关联和空间差异程度。计算公式如下:

$$I_i = \frac{(x_i - \bar{x})}{S^2} \sum_{j=1}^{n} (x_j - \bar{x})$$

式中:n 为样本数;S^2 为样本的方差,x_i 和 x_j 分别表示某属性值 x 在空间单元 i 和 j 上的观测值,$\bar{x}$ 是研究对象 x 的平均值。

3 成渝地区双城经济圈县域经济差异演变分析

3.1 加权变异系数和泰尔指数

根据人均 GDP 指标,测算出县域经济范围加权变异系数和泰尔指数(图 2)。

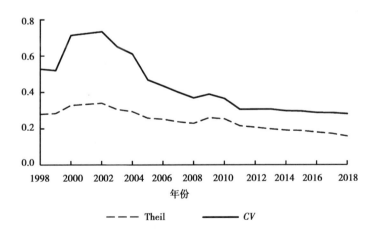

图 2 1998—2018 年成渝地区双城经济圈县域人均 GDP 的加权变异系数和泰尔指数

由上图可知,1998—2018 年双城经济圈县域经济加权变异系数和总体泰尔指数的变化趋势基本相同,呈现出先上升后下降最终达到相对稳定的态势,大致可分为以下三个阶段:①1998—2002 年,持续上升期。该阶段加权变异系数和泰尔指数经历了小幅下降/上升—快速爬升—缓慢上升,并在2002年达到最高值。其中1999—2000年变化最为显著,加权变异系数从0.520增涨到0.713,泰尔指数从0.284上升到0.328,涨幅分别为37.09%和15.59%。②2002—2008年,持续下降期。该阶段加权变异系数和泰尔指数整体为逐年下降的态势,表现为先快速下降后缓慢下降。其中在2002—2005年下降幅度较大,二者下降的绝对量分别为0.26和0.08。③2008—2018年,波动下降期。该阶段加权变异系数和泰尔指数在2008—2009年小幅回升,二者的绝对量分别上涨0.02和0.03,随后双城经济圈的差异在2009年后呈小幅降落的趋势,加权变异系数和泰尔指数的年均降幅为3.34%和5.41%。

3.2　泰尔指数分解

根据泰尔指数法的计算公式测算出双城经济圈县域经济发展的总差异、区域间和区域内差异其对总差异的贡献率(表1)。由表1可以得出,区域内差异是双城经济圈经济差异的主要来源,近21年来其贡献率一直维持在88%以上。2010年之前,其贡献率呈现出波动上升的趋势,并在2010年达到最高点91.97%,之后开始下降。从6大分区对于区域内差异的贡献率来看,成都平原的贡献率一直位于首位,其均值贡献率为32.03%,于2003年达到峰值39.12%。其次是川南和重庆主城都市圈,二者的均值贡献率分别为23.54%和17.14%,二者贡献率在2011年之前波动幅度较大,并于2011之后趋于相对稳定的状态。渝东北、川东北和渝东南对区域内差异的贡献率最小,贡献率均值分别为10.41%、9.21%和7.68%。其中,渝东北贡献率在1998—2004年比较平稳,2005年之后变化幅度显著,并在2011年达到最大值,涨幅高达3.9倍,2011年以后则逐年下降。

表1　成渝地区双城经济圈县域经济泰尔指数分解

年份	T_{W_1}	T_{W_2}	T_{W_3}	T_{W_4}	T_{W_5}	T_{W_6}	T_W	贡献率/%	T_b	贡献率/%
1998	0.056 0	0.010 7	0.013 6	0.074 7	0.066 2	0.030 2	0.251 4	90.05	0.027 8	9.95
1999	0.053 3	0.011 5	0.014 1	0.078 7	0.066 0	0.032 2	0.255 9	90.17	0.027 9	9.83
2000	0.055 5	0.014 1	0.019 5	0.104 3	0.071 8	0.030 6	0.295 8	90.19	0.032 2	9.81
2001	0.057 3	0.015 2	0.021 6	0.107 7	0.071 1	0.029 9	0.302 8	90.41	0.032 1	9.59

年份	T_{W_1}	T_{W_2}	T_{W_3}	T_{W_4}	T_{W_5}	T_{W_6}	T_W	贡献率/%	T_b	贡献率/%
2002	0.055 8	0.015 0	0.023 5	0.109 8	0.073 0	0.030 2	0.307 3	90.50	0.032 3	9.50
2003	0.028 2	0.013 4	0.019 1	0.107 8	0.075 3	0.031 7	0.275 5	90.12	0.030 2	9.88
2004	0.024 8	0.013 9	0.017 5	0.102 0	0.075 9	0.030 0	0.264 2	90.15	0.028 8	9.85
2005	0.038 1	0.015 0	0.018 9	0.083 5	0.059 5	0.017 9	0.232 9	90.52	0.024 4	9.48
2006	0.037 0	0.016 5	0.019 8	0.077 7	0.060 3	0.016 6	0.228 0	90.75	0.023 2	9.25
2007	0.035 4	0.017 6	0.018 0	0.071 7	0.057 7	0.014 7	0.215 2	90.91	0.021 5	9.09
2008	0.034 0	0.022 3	0.018 2	0.068 5	0.051 5	0.014 0	0.208 5	91.31	0.019 8	8.69
2009	0.056 8	0.040 0	0.012 3	0.067 2	0.046 0	0.014 4	0.236 7	91.47	0.022 1	8.53
2010	0.049 9	0.043 6	0.017 1	0.062 4	0.044 5	0.015 0	0.232 6	91.97	0.020 3	8.03
2011	0.031 6	0.040 2	0.017 5	0.048 7	0.041 8	0.015 9	0.195 6	91.29	0.018 7	8.71
2012	0.032 1	0.033 4	0.016 5	0.052 1	0.039 7	0.015 2	0.189 0	91.56	0.017 4	8.44
2013	0.029 8	0.027 6	0.016 0	0.053 3	0.038 4	0.016 3	0.181 3	91.87	0.016 0	8.13
2014	0.027 8	0.025 6	0.015 6	0.052 2	0.036 3	0.016 2	0.173 7	91.42	0.016 3	8.58
2015	0.028 3	0.024 1	0.015 7	0.049 2	0.036 7	0.017 1	0.171 2	91.24	0.016 4	8.76
2016	0.027 4	0.021 6	0.014 3	0.047 7	0.035 3	0.016 5	0.162 8	90.80	0.016 5	9.20
2017	0.025 7	0.019 2	0.012 9	0.048 6	0.033 5	0.014 9	0.154 7	90.16	0.016 9	9.84
2018	0.020 8	0.012 3	0.010 0	0.048 9	0.032 7	0.014 9	0.139 5	88.77	0.017 6	11.23

3.3 空间分异演变

基于县域经济差异进行类型区划分能很好地揭示县域经济发展水平的空间格局及其变化,按人均 GDP 平均值<50%、50%~100%、100%~150%以及>150%的级别,将川渝 156 个区县划分为经济发展低水平、经济发展较低水平、经济发展较高水平、经济发展高水平 4 个发展等级(图3)。

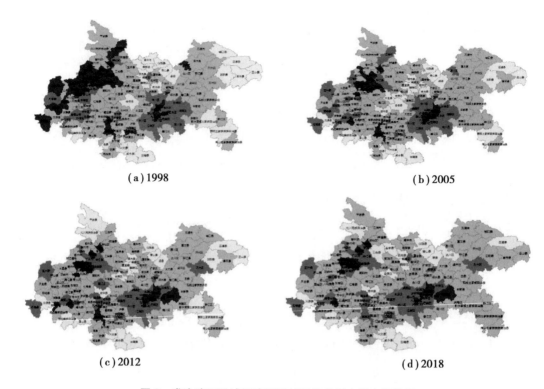

图3　成渝地区双城经济圈县域经济发展水平空间格局

注:图上颜色越深表示发展水平越高。

　　总体上,处于经济发展高水平和经济发展低水平的区县都在逐年减少,其中经济发展高水平的区县由1998年的40个下降到2018年的19个,低水平的区县由22个减为18个;处于经济发展较高水平和经济发展较低水平的区县数逐年增加,从1998年的94个增加到2018年的119个,占比也相应地从60.26%提高到76.28%。以上情况说明川渝地区县域经济发展水平两极分化的现象在不断减弱,经济发展朝着更加协调的方向转变。

　　从空间分布上,整体上经济发展高水平的区县集中分布于重庆市主城都市圈,成都市中心城区,以及绵阳、德阳、乐山的市辖区,且经济发展高水平的区县越来越聚集于重庆及成都这两座极核城市,尤其是成都,其中2018年成都中心城区的11个区有10个属于经济发展高水平。成渝两地的经济发展高水平区县占比从1998年的62.5%增长到2018年的84.2%。经济发展低水平的区县集中分布在川渝地区的边缘地带,主要包括渝东北的云阳、巫山、巫溪;渝东南的酉阳;川南的兴文县、叙永县、古蔺县、屏山县及资中县;成都平原的马边县、汉源县、安居区、北川县;川东北的西充县、嘉陵区、仪陇县、营山县、渠县。

3.4 县域经济重心迁移

基于人均 GDP 指标,对成渝地区作双城经济圈 1998—2018 年县域经济发展重心进行分析(图 4)。

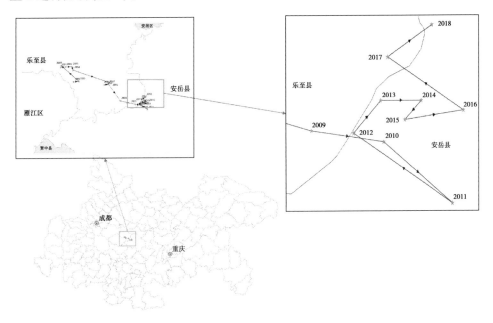

图 4 成渝地区双城经济圈县域经济重心迁移轨迹

从县域经济重心的分布来看,各年份的重心在 105.006°—105.254° E,30.075°—30.190°N 之间波动,大致落在成都平原东部地区的乐至县和安岳县交界处。县域经济重心迁移轨迹图反映了区域经济格局的演变具有一定的阶段性,大体上可以分为三个阶段:①1998—2000 年,县域经济重心开始向西北方向迁移,迁移距离为 5.66 km。在重庆直辖的初期,除重庆主城区及渝西外,渝东南、渝东北地区经济发展水平较低,以 1998 年为例,主城区的人均 GDP 达到 9 403 元,而渝东北、渝东南为 2 275 和 2 192,仅为主城区的 1/4。作为四川省的强省会城市的成都,由于自身发展水平较高,享受川蜀地区的政策、资源、人口的红利,同时拥有较强的经济辐射能力,带动周边如绵阳、德阳等区县的快速发展。再加上川东北薄弱的经济水平,导致整个经济圈呈现出西强东弱的局面,因此县域经济重心向西北方向迁移。

②2000—2011 年,县域经济重心向东南方向倾斜。该阶段,重庆紧紧围绕国

家重要中心城市、长江上游地区经济中心、国家重要现代制造业基地和内陆开放高地等国家赋予的定位,充分发挥区位优势、生态优势、产业优势、体制优势,谋划和推动经济社会发展。积极推动经济结构调整,"6+1"的支柱产业集群发展壮大,国家级新区—两江新区的建设,渝新欧班列和渝深铁海联运的开通,成为重庆对外开放的桥头堡,为经济发展注入强劲动力。因此县域经济重心的轨迹向重庆方向迁移。

③2012—2018 年,县域经济重心相对较稳定,整体迁移幅度较小。主要是由于近年来,重庆、成都开始相向发展,即成都东进、南拓以及重庆向西发展。主要表现为:

成都方面:

①成都全面突破龙泉山脉,打造淮州新城、简州新城、空港新城三大新城区域,扎实推进"三城两园"建设。②代管省辖县级市简阳,进一步扩大城市版图;成都在简阳修建第二机场——天府国际机场,这标志着成都将成为中国内地第三个拥有双机场的城市;③2020 年四川省第三个省级新区——成都东部新区正式挂牌,天府新区建设高水平推进,引进华为、鲲鹏生态基地等重大项目。

重庆方面:

①2020 年 5 月 9 日,重庆主城都市区座谈会召开,确定主城都市区由原主城 9 区扩至 21 区,即主城 9 区+渝西地区 12 区。围绕中心城区组团式发展,提升整体的发展能级,形成高质量的极核、硬核。培育区域中心,把主城新区建设成为"产城融合、职住平衡、生态宜居、交通便利"的新城。有促进成渝地区双城经济圈战略实施,打造改革开放新高地,做强优化城市空间结构。②重庆在轨道交通方面,连通璧山和江津;重庆第二国际机场花落璧山;在新区建设上,选址沙坪坝区建设科学城,打造西部"智能谷"。③在产业布局方面,2018 年渝西新增两个国家高新区,渝西正日渐成为双城经济圈的经济增长新高地。

3.5 空间自相关

3.5.1 全局演变特征分析

基于 1998—2018 年双城经济圈县域人均 GDP,利用 Geoda 软件计算其全局自相关指数及其检验值(图5)。从图5可得近年来双城经济圈县域的全局 Moran's I 指数位于 0.358~0.441,所有年份的 Z 值均通过 0.01 的显著性水平检验,表明经济圈内 156 个区县经济发展水平存在较为显著的空间正相关,在空间上显著集聚,见表2。

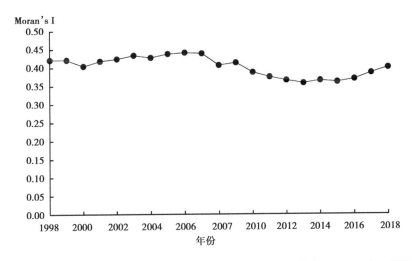

图 5　成渝地区双城经济圈 1998—2018 年县域人均 GDP 的全局 Moran's I 指数

表 2　成渝地区双城经济圈 1998—2018 年县域人均 GDP 的全局 Moran's I 指数及 Z 值

	年份	1998	1999	2000	2001	2002	2003	2004	2005	2006	2007
指数	Moran's I	0.421	0.421	0.404	0.418	0.424	0.433	0.427	0.437	0.441	0.439
	Z	11.171	11.172	10.714	11.066	11.213	11.485	11.358	11.553	11.588	11.538
	年份	2008	2009	2010	2011	2012	2013	2014	2015	2016	2017	2018
指数	Moran's I	0.407	0.414	0.387	0.375	0.365	0.358	0.365	0.361	0.369	0.386	0.400
	Z	10.712	10.910	10.248	9.963	9.729	9.391	9.711	9.630	9.852	10.267	10.641

　　全局 Moran's I 指数的变化也反映了区域经济格局具有一定的阶段性。1998—2007 年,Moran's I 在 0.43 上下波动,表明在该阶段双城经济圈内区县经济发展水平具有较高的正相关性。2007—2018 年,Moran's I 先是逐年减小,在 2013 年达到谷值 0.358,而后开始反弹,表明县域经济发展水平的空间相关性在经历了阶段性的减弱之后空间集聚程度开始不断加大。

3.5.2　局部演变特征分析

　　为进一步探索双城经济圈县域经济发展水平的局部空间演变特征,分别选取 1998 年、2005 年、2012 年和 2018 年 4 个时间段进行县域经济的 LISA 显著性分析(图 6)。各年份、各类型的区县数见表 3。

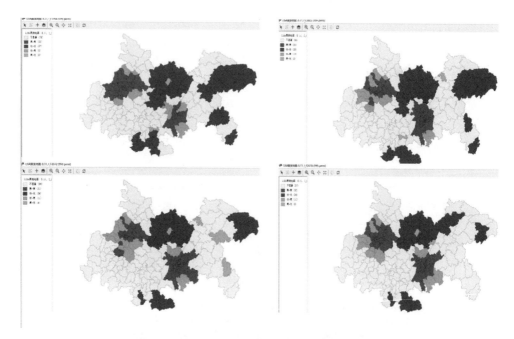

图6 成渝地区双城经济圈县域人均GDP的显著性水平LISA分析图

表3 成渝地区双城经济圈县域经济显著性水平演变

年份	HH 类型		HL 类型		LH 类型		LL 类型		不显著	
	个数 /个	比例 /%	个数 /个	比例 /%	个数 /个	比例 /%	个数 /个	比例 /%	个数 /个	比例 /%
1998	33	21.15	2	1.28	8	5.13	37	23.72	76	48.72
2005	31	19.87	2	1.28	10	6.41	33	21.15	80	51.28
2012	31	19.87	4	2.56	11	7.05	24	15.38	86	55.13
2018	32	20.51	2	1.28	11	7.05	24	15.38	87	55.77

由上表可知,1998—2018年间各类型区县数的总体变化趋势为:HH类型和HL类型的区县数较稳定;LH类型的区县数出现小幅增长,比例由5.13%增长到7.05%;LL类型的区县数则呈显著降低趋势,由1998年的37个下降到2018年的24个,比例也相应的从23.72%下降到15.38%。由表3可知,1998—2018年各县域经济空间关联类型除LL类型外,数量上变化不明显,但在空间格局上发生较显著的变化。

①HH 显著经济类型的县域集中分布在成都中心城区及周边德阳的市辖区和其他县,重庆市主城区,HH 类型中重庆和成都区县占比达到 85%。其中重庆 HH 类型区县数由 1998 年的 9 个增长到 2018 年的 13 个,占比从 27.3% 提升到 40.6%;与此同时,成都 HH 类型区县数由 1998 年 19 个下降到 15 个,占比相应的从 57.6% 下降到 45.5%。近年来,渝西地区凭借其相对平坦的地势,丰厚的自然资源,较好的产业发展条件、雄厚的工业基础以及身处重庆"一小时经济圈"的交通区位,使得包括长寿区、璧山区与铜梁区在内的越来越多的渝西区县跻身于 HH 型。2016 年简阳由成都代管后,简阳市以"高质量建设面向世界面向未来的现代化东部新城"为指引,聚焦打造"三基地一城市",聚焦产业生态圈培育,积极铸链条、建集群,加快构建现代产业体系,综合竞争力跻身全国百强县(市)。与此同时,在成都市大力东进与南拓的发展背景下,位于成都西部的大邑县、蒲江县、彭州市、邛崃市、崇州市与中心城区的差距不断加大,从最初的 HH 类型跌落到 LH 类型。以 2018 年成都市各区县一般公共财政支出为例,5 区财政支出合计仅占全市的 10%。

②LL 类型显著经济类型的县域分布呈现出明显的边缘化特征,主要分布在川东北,部分位于渝东北及川南地区。与此同时,1998—2018 年间分布范围也大大缩小,渝东北及渝东南的 LL 类型数量显著减少,至此 2018 年重庆全市仅剩奉节县属于 LL 类型。由于这些地区的县域远离经济中心,在交通区位、宏观政策等方面处于一定的劣势,经济社会发展较为缓慢。各个时期中,川东北地区处于 LL 类型的县域年均占比为 55%,究其原因主要是:a.区位因素。距离省会成都较远,虽离双核之一的重庆较近,但重庆对其的辐射带动作用不显著,交通比较落后。b.自然资源。川东北地区自然资源较为匮乏,使得该地区工业基础尤其是重工业基础薄弱。c.政策扶持力度。四川经济发展的重点集中在以成都为核心的成都平原,对于川东北地区的政策扶持力度不够。d.经济结构。该地区以传统的产业为主,缺乏支柱性产业,劳动密集型企业偏多,资本密集型和技术密集型企业的比例明显偏低,而先进制造企业和高技术企业尤为匮乏。

③HL 类型分布较为分散,包括渝东北区域中心的万州、渝东南区域中心的黔江以及泸州、南充、达州的市辖区。这些区域集中了全市大量的产业、科技人才,享有较多的优惠政策,相对于邻近的县域产生了极化效应。以 2018 年的南充顺庆区为例,无论在财政收入、第三产业占比、教育资源、科研机构及科研人员,还是城市基础设施水平都处于全市领先地位,人均 GDP 是第二名南部县的 1.5 倍。

④LH 类型分布在双核中心城区的外围,包括渝西的綦江区、合川区,成都市区以西的大邑县、彭州市、崇州市,德阳的中江县,眉山的东坡区、彭山区及仁寿县。其中成都市区外围的部分区县由最初的 HH 类型转化为 LH 类型,主要由于成都市区的极化作用占主导并且有加强趋势,辐射带动效应有限,与核心区相邻的这些县域得到产业转移有限,经济发展相对较落后。

4   结论与讨论

本文以 1998—2018 年双城经济圈内各区县人均 GDP 为基础,采用加权变异系数、泰尔指数、空间相关性、经济重心等数理统计与空间计量分析相结合的方法,研究双城经济圈内县域经济发展格局的演变规律。

①双城经济圈内县域经济差异总体呈现出先上升后下降最后达到相对稳定的态势,区域内差异是双城经济圈差异的主要来源。从 6 大分区来看,成都平原是区域内差异最大的贡献者,其次是重庆主城都市圈、川南,最后是渝东北、川东北和渝东南。

②整体上,经济发展水平较高的区县分布在重庆主城都市圈,成都市中心城区,以及绵阳、德阳、乐山的市辖区,且越来越聚集于重庆和成都这两座极核城市。经济发展水平较低的区县集中分布在双城经济圈的边缘地带,包括渝东北、渝东南、川南、川东北的部分区县。

③县域经济重心经历了西北—东南—相对较稳定的迁移轨迹,在 105.006°—105.254°E,30.075°—30.190°N 之间波动。迁移轨迹与特定的区域发展方针政策息息相关,如近年来重庆向西发展、成都向东南发展,导致经济重心先向东南迁移,而后逐渐稳定。

④县域经济在空间上呈现出显著的集聚状态,且双核中心城区的极化效应较明显。在局部空间格局上,体现了边缘化特征和俱乐部趋同现象,HH 类型主要分布在双核城市的中心城区,LL 类型分布在区域边缘的川东北、川南及渝东北地区。HL 类型和 LH 类型分布在双核中心城区的外围区域,表明双核城市的辐射带动作用比较有限。

在今后的发展中,成渝双城经济圈在制定区域发展策略时,川渝两地政府应摒弃行政区域规划带来的低水平竞争,积极探讨区域分工与合作:

①强化双核城市的核心功能,增强双核城市的集聚和辐射带动功能。重庆以

主城区为核心,以城市发展新区为腹地,联动沿江城市带和四川毗邻城市发展;成都加快与德阳、资阳、眉山等周边城市的同城化进程。

②双城经济圈等级序列不完整,缺乏次增长极,因此要做强区域中心城市,提升区域服务能力,分担双核城市功能,强化区域辐射、带动作用。把建设重要节点城市作为优化城镇体系的抓手,提升专业化服务功能,培育壮大特色优势产业。

③将两江新区与天府新区打造成成渝地区双城经济圈建设的重要引擎。双方应着力在发展规划上深度衔接;在产业发展上深度对接;在创新驱动上深度协同;在改革开放上深度合作;在城市建设上深度联通。

参考文献

[1] 陆林,余凤龙.中国旅游经济差异的空间特征分析[J].经济地理,2005(3):406-410.

[2] 陈培阳,朱喜钢.基于不同尺度的中国区域经济差异[J].地理学报,2012,67(8):1085-1097.

[3] 胥亚男,李二玲,屈艳辉,等.中原经济区县域经济发展空间格局及演变[J].经济地理,2015,35(4):33-39.

[4] 许旭,金凤君,刘鹤.成渝经济区县域经济实力的时空差异分析[J].经济地理,2010,30(3):388-392.

[5] 仇方道,朱传耿,佟连军,等.淮海经济区县域经济差异变动的空间分析[J].地理科学,2009,29(1):56-63.

[6] 杜挺,谢贤健,梁海艳,等.基于熵权 TOPSIS 和 GIS 的重庆市县域经济综合评价及空间分析[J].经济地理,2014,34(6):40-47.

[7] 靳诚,陆玉麒.基于县域单元的江苏省经济空间格局演化[J].地理学报,2009,64(6):713-724.

[8] 张海峰,白永平,陈琼,等.基于 ESDA-GIS 的青海省区域经济差异研究[J].干旱区地理,2009,32(3):454-461.

[9] 魏建飞,程迪,丁志伟,等.安徽省镇域经济发展水平的时空分异及空间格局影响因素[J].长江流域资源与环境,2019,28(8):1860-1871.

[10] 丁志伟,张改素,王发曾.郑州都市区镇域经济差异的空间分析[J].经济地理,2013,33(7):29-35.

[11] 于成学.中国区域经济差异的泰尔指数多指标测度研究[J].华东经济管理,2009,23(7):40-44.

[12] 梁进社,孔健.基尼系数和交差系数对区域不平衡性度量的差异[J].北京师范大学学报(自然科学版),1998,34(3):3-5.

［13］方叶林,黄震方,陈文娣,等.2001—2010 年安徽省县域经济空间演化[J].地理科学进展, 2013,32(5):831-839.

［14］赵丹,孙东琪,陈明星.长三角县域经济增长的时空差异与影响因素[J].经济经纬,2020,37 (4):1-10.

［15］彭颖,陆玉麒.成渝经济区经济发展差异的时空演变分析[J].经济地理,2010,30(6):912- 917,943.

［16］谭雪兰,欧阳巧玲,江喆,等.基于 RS/GIS 的长沙市城市空间扩展及影响因素[J].经济地 理,2017,37(3):81-85.

［17］任以胜,陆林,朱道才.长三角城市群城市空间拓展格局与机制[J].经济问题探索,2018 (4):90-98.

［18］方叶林,黄震方,涂玮,等.基于地统计分析的安徽县域经济空间差异研究[J].经济地理, 2013,33(2):33-38.

［19］李峥荣,徐邓耀,雷舒砚,等.成渝城市群县域经济差异及其成因分析[J].世界地理研究, 2018,27(3):76-85.

收稿日期:2021 年 3 月 9 日。

作者简介:洪杨杨,男,生于 1995 年 11 月,汉族,河南商丘,重庆大学管理科学与房地产学院硕士 研究生,主要研究方向:区域经济发展。

城市交通资源水平与社会经济发展水平的协调性评价方法研究

张雪琴[1],申立银[1],舒天衡[1],魏小璇[1]

(1.重庆大学 管理科学与房地产学院,重庆 400044)

摘　要:城市交通资源是社会经济发展的基础条件,而社会经济发展对城市交通发展具有支撑作用,两者之间存在相互影响、相互制约的关系。只有当城市交通资源水平与社会经济发展水平互相协调时,才能有效促进城市的可持续发展。因此,本文建立了一个评价城市交通资源水平与社会经济发展水平协调性的数量模型,并以重庆市为案例城市,分析了其在2009—2018年间的交通资源水平和社会经济发展水平的协调发展度,研究发现该市两者之间在研究年份内均处于高度耦合阶段,并从低度协调发展逐步提升到了全面协调发展状态。基于此,本文进一步讨论了交通资源水平和社会经济发展水平发展的协调程度对重庆市可持续发展的影响,提出了相关建议。

关键词:城市交通资源;社会经济发展;协调性;重庆市

中图分类号:C939　　　　　　　　　　**文献标识码**:A

Research on Evaluation Method of Coordination between Urban Traffic Resources Level and Social Economic Development Level

ZHANG Xueqin[1], SHEN Liyin[1], SHU Tianheng[1], WEI Xiaoxuan[1]

(1. School of Management Science and Real Estate,

Chongqing University, Chongqing 400044, China)

Abstract:Urban traffic resources are the basic conditions of social economic development, while social economic development plays a supporting role in urban traffic development. There is a mutual influence and restriction relationship between urban traffic resources and social economic development. Only when the level of urban traffic resources and social economic development are coordinated can the urban sustainable development be effectively promoted. Therefore, we established a quantitative model to evaluate the coordination between urban traffic resources level and social economic development level. Then, taking Chongqing as a case, we analyzed the coordinated development degree of its traffic resources level and social economic development level from 2009 to 2018. It is found that the traffic resources level and social economic development of Chongqing are in a highly coupled stage during the study years, and gradually rise from a low coordinated development to a comprehensive coordinated development state. Based on this, we further discussed the impact of the coordination between traffic resources level and social economic development level on the sustainable development of Chongqing, and puts forward some relevant suggestions.

Key words: urban traffic resources; social economic development; coordination; Chongqing

1 引 言

城市交通资源发展与社会经济发展之间存在相互制约、相互影响的关系。一方面,城市交通资源是支持城市社会经济良好发展的基础条件。因为交通运输是国民经济的基础性、先导性产业,交通资源是交通运输的基础,所以交通资源配置对经济发展水平的影响十分显著。便利的交通条件可以吸引投资从而提高城市生产力,对区域经济发展具有重大激励作用。城市交通资源对于城市社会发展也有重大影响,例如机场、公路等交通设施的改善可以促进人口的流动,有利于社会的转型、提高城镇化率。另一方面,城市交通资源的发展也需要社会经济发展作为支撑。交通资源发展的根本原因是社会经济活动,二者发展呈现出明显的正相关关系,所以社会的可接受性和经济的可行性是城市交通发展的基础条件。当城市的社会经济发展达到一定水平时才能有效地支撑城市的交通发展。由于城市交通资源和社会经济发展之间存在这种相互影响、相互制约的关系,因此为促进城市可持续发展,应提高城市交通资源与社会经济发展的协调度。所以客观准确地评价城市交通资源水平与社会经济发展水平的协调性,对今后城市的发展规划和管理有着重要的参考意义。

已有文献关于城市交通资源与社会经济发展水平的协调关系研究较少,大多聚焦于探讨经济发展单一视角下与城市交通系统之间的协调关系,且研究中选取的衡量指标比较单一。例如,雷怀英在对山西的交通运输与经济发展间的协调性进行评价时,仅选取交通运输业的投资额和从业人数两个指标来评估交通运输系统,且仅用 GDP 相关指标来衡量经济系统;蒋敏基于 DEA 方法的 C2R 模型对广西省的交通运输与经济发展的协调性进行了动态评价,但其中仅用工业总产值作为经济发展水平的衡量指标;余沛等对河南省的铁路运输和区域经济发展间的协调度进行了评估,其中仅用 GDP 来表征区域经济发展水平;李洋和欧国立采用 DEA-BCC 模型对长三角地区交通资源配置水平和区域经济发展水平的协调关系进行了分析和评价,但对交通资源的评估指标只关注在交通运输系统的营运水平,且仅用 GDP 来衡量经济发展水平。Zheng Q 等在对珠三角地区的旅游经济与交通运输系统间的耦合协调度进行评价时,主要是从交通运营能力单一视角选取指标来衡量交通系统水平。李洁等在分析四川省区域交通运输与经济发展间的协调发展状况时,将国内生产总值作为区域经济的唯一衡量指标,且交通运输系统的评估仅着眼于运营能力和资金投入,忽略了交通运输系统中的人力、基础设施等重要因素。

上述文献梳理表明,少有研究涉及城市交通资源与综合的社会经济发展水平之间的协调性研究,在对城市交通资源和社会经济发展水平的评价上主要基于较为单一的视角。例如大多数学者将交通资源的内涵界定为一定时期内形成的交通基础设施,而忽略了人力信息和组织管理方面的软资源,然而这些软资源对交通资源水平的影响是极为显著的,且大多学者仅选取地区生产总值相关指标来表征城市经济发展水平。同时少有研究综合考虑城市的社会发展水平和经济发展水平以度量其与城市交通资源水平的协调性。

因此,本文在建立分别衡量城市交通资源水平与社会经济发展水平的指标体系的基础上,构建了刻画二者协调性关系的协调发展度模型。然后以重庆市为案例城市,对其交通资源水平与社会经济发展水平间的协调性进行了评估和分析,讨论了这种协调状况下对重庆市可持续发展的影响,并提出了相关建议。

2 城市交通资源水平与社会经济发展水平的评价指标体系

为了建立城市交通资源水平与社会经济发展水平间的协调发展度模型,需要对城市交通资源水平和社会经济发展水平分别进行评估。为此,首先需要分别构建评价城市交通资源水平和社会经济发展水平的指标体系。

2.1 城市交通资源水平评价指标体系

目前学者从不同的视角对交通资源进行了界定。王久梗指出交通资源是为人们出行和经济活动提供的通行能力,表现为一定时期在空间和时间上形成的交通基础设施。荣朝和则将交通资源划分为硬资源和软资源,硬资源包括可移动交通资源和固定交通资源,例如载运工具、场站枢纽和天然航线;软资源是指人力信息和组织管理。李上康指出交通资源常常被界定为交通基础设施,而交通职工,即各运输方式从业人员,作为交通基础设施营运的必要要素,也是不可忽略的。本文结合上述典型的研究文献将城市交通资源定义为服务于公众、为社会经济活动提供通行能力的硬资源和软资源的总和,即包含交通基础设施、载运工具和人力资源。因此,本文根据不同的交通方式,同时综合考虑交通资源的"软"和"硬"内涵,从公路、铁路、航空和水运四类主要交通方式构建综合衡量城市交通资源水平的评价指标体系。

通过进一步的相关文献梳理,城市交通资源水平评价指标可以按照上述四类交通资源进行整理归纳。结合以往研究评价指标的梳理结果,同时考虑到指标选取的相关性、可获得性和合理性,最终选取了 14 个指标来衡量城市交通资源水平,见表 1。在该指标体系中,选取了交通运输从业人数比重、铁路运输业年末从业人员数和航空运输业年末从业人员数 3 个指标来反映交通软资源水平。

表1　城市交通资源水平评价指标体系

交通方式	指标变量
公路	<ul><li>公路网密度(千米/百平方千米)</li><li>二级以上公路所占比例(%)</li><li>人均道路面积(平方米)</li><li>公交线网密度(千米/平方千米)</li><li>万人公交车标台数(标台)</li><li>交通运输从业人数比重(%)</li></ul>
铁路	<ul><li>铁路网密度(千米/万平方千米)</li><li>铁路运输业年末从业人员数(人)</li></ul>
航空	<ul><li>民航飞机起降架次(万次)</li><li>航空运输业年末从业人员数(人)</li></ul>
水运	<ul><li>内河航道里程(千米)</li><li>高等级航道里程比重(%)</li><li>港口码头泊位个数(个)</li><li>港口码头集装箱总量(吨)</li></ul>

2.2　社会经济发展水平评价指标体系

许多学者在评价社会经济发展水平方面做了大量研究,如王赟潇从人口发展、生活质量、基础设施建设、社会保障和城市化发展5个方面选取了社会发展水平评价指标,将经济发展水平评价指标划分成了经济水平、经济结构、经济效益、经济活力和经济外向性5个方面。黄仁涛从社会结构、人口素质、经济效益、生活质量和社会秩序方面衡量社会发展水平。李洋从经济规模、经济结构和经济质量3个方面衡量区域经济发展水平。通过梳理相关文献,本文将社会经济发展水平评价指标体系划分为社会、经济两个维度,其中社会维度将从城市化发展、人口发展、社会保障、生活质量4个方面进行指标的选取,经济维度从经济规模、经济结构、经济质量和经济开放度4个方面进行指标的选取。

通过对相关文献中的指标变量进行整理归纳,秉承指标选取的相关性、可获得性和合理性,本文最终选取了23个指标来构建社会经济发展水平评价指标体系,见表2。

表 2　社会经济发展水平评价指标体系

维度	指标变量
社会	• 常住人口城镇化率(%) • 常住人口密度(万人/平方千米) • 人口自然增长率(‰) • 普通高等学校在校生数比总人口(%) • 城镇就业率(%) • 教育经费支出(亿元) • 普通本科院校数(所) • 每万人拥有卫生技术人员数(人) • 每万人拥有卫生机构床位数(张) • 基本医疗保险参保人数比重(%) • 人均储蓄余额(元) • 居民人均可支配收入(元) • 居民人均消费水平(元) • 常住居民人均居住面积(平方米) • 建成区绿化覆盖率(%)
经济	• 人均 GDP(万元) • 人均全社会固定资产投资(元) • 第三产业产值比重(%) • 固定资产投资占 GDP 比重(%) • 全员劳动生产率(元/人年) • GDP 年增长率(%) • 人均进出口总额(美元) • 外商投资企业数(个)

3　城市交通资源水平与社会经济发展水平协调性评价模型

协调度模型是度量两个系统之间协调性最常用的方法,其本质是反映系统实际状态与理想的协调状态之间的距离。目前应用较为广泛的协调度模型包含离散系数协调度模型、隶属函数协调度模型和距离协调度模型。本文选用了离差系数协调度模型,因为其具有结构简单、准确度较好的特点,在评估系统发展协调一致程度的同时还兼顾考虑系统自身发展水平的高低,使得评价结果更具合理性。

根据离差系数协调度模型方法,城市交通资源水平与社会经济发展水平的协调发展度测算模型,可用以下公式表示:

$$C_{ts} = \left\{ \frac{F(X_t) \times F(X_s)}{\left(\dfrac{F(X_t) + F(X_s) +}{2} \right)^2} \right\} \tag{1}$$

$$T_{ts} = \alpha \cdot F(X_t) + \beta \cdot F(X_s) \tag{2}$$

$$D_{ts} = \sqrt{C_{ts} \times T_{ts}} \tag{3}$$

式中, $F(X_t)$ 、$F(X_s)$ 分别表示城市交通资源水平和社会经济发展水平的综合评价函数值。C_{ts} 为城市交通资源水平与社会经济发展水平之间的耦合度, 当 $C_{ts} = 0$ 时, 耦合度最小, 说明两个系统不相关。当 C_{ts} 处于 [0,0.3], [0.3,0.5], [0.5,0.8], [0.8,1] 范围时, 两个系统分别处于低耦合、拮抗、磨合、高耦合阶段。当 $C_{ts} = 1$ 时, 耦合程度最大, 说明两个系统之间实现了良性共振和有效协调。T_{ts} 为两个系统的综合发展度, 并且本文认为两系统同等重要, 所以取 $\alpha = \beta = 0.5$; D_{ts} 则为城市交通资源水平与社会经济发展水平间的协调发展度。计算得出的协调发展度值越高, 说明两个系统之间的协调性越好。进一步借鉴以往研究, 本文设定了城市交通资源水平与社会经济发展水平协调发展度等级划分标准, 见表3。

表3　城市交通资源水平与社会经济发展水平协调发展度等级划分标准

耦合度(C_{ts})	协调发展度等级
[0,0.3]	低度协调发展
[0.3, 0.5]	中度协调发展
[0.5, 0.8]	高度协调发展
[0.8,1]	全面协调发展

根据以上计算模型, 需要得出两个系统的综合评价函数值 $F(X_t)$ 、$F(X_s)$。为此, 首先对两个系统的评价指标数据标准化, 然后通过常用的客观赋权方法——熵权法为每个指标变量赋予权重, 从而计算出各系统的综合评价函数值。该综合评价函数值反映了系统的发展水平, 数值越大, 发展水平越高, 具体计算步骤如下:

1)数据标准化

由于不同指标变量的量纲不同, 为了消除量纲对评价的影响, 本文将通过极差法对指标变量原始数据进行无量纲化处理, 即数据标准化处理。

评价对象的所有评价指标构成一个矩阵 $X = (x_{ij})_{m \times n}$, 其中 n 为样本总数, m 为评价指标总数,x_{ij}表示第i年的第j个指标的原始数据值。数据标准化后得到矩阵$U = (u_{ij})_{m \times n}$,数据标准化公式如下:

正向指标:

$$u_{ij} = \frac{x_{ij} - \min\{x_{ij}\}}{\max\{x_{ij}\} - \min\{x_{ij}\}}(1 \leqslant i \leqslant m, 1 \leqslant j \leqslant n) \tag{4}$$

负向指标:

$$u_{ij} = \frac{\max\{x_{ij}\} - x_{ij}}{\max\{x_{ij}\} - \min\{x_{ij}\}}(1 \leqslant i \leqslant m, 1 \leqslant j \leqslant n) \tag{5}$$

在本文中,所选取的交通资源水平和社会经济发展水平衡量指标都是正向指标。

2)熵权法确定权重

①计算第j个指标变量的比重:

$$P_{ij} = \frac{u_{ij}}{\sum\limits_{i=1}^{m} u_{ij}}(j = 1, 2, \cdots, n) \tag{6}$$

②计算第j个指标的熵值:

$$E(x_j) = -k \sum\limits_{i=1}^{m} P_{ij} \ln P_{ij}(j = 1, 2, \cdots, n) \tag{7}$$

式中,$k = \frac{1}{\ln n}$,由于当$P_{ij} = 0$时,$\ln P_{ij}$无意义,故令:

$$P_{ij} = \frac{1 + u_{ij}}{\sum\limits_{i=1}^{m} (1 + u_{ij})} \tag{8}$$

③计算第j个指标的权重:

$$W_j = \frac{1 - E(x_j)}{m - \sum\limits_{j=1}^{n} E(x_j)}(j = 1, 2, \cdots, n) \tag{9}$$

3)综合评价函数

$$F(X) = \sum\limits_{j=1}^{n} W_j u_{ij}(i = 1, 2, \cdots, m) \tag{10}$$

式中,$F(X)$表示综合评价函数,W_{ij}表示通过熵权法得到的第j个指标变量的权重,u_{ij}则表示第j项指标变量标准化处理后的数值。$F(X)$值越大,表明系统发展水平越高。

4 案例研究

为了对本文构建的城市交通资源水平与社会经济发展水平协调性评价模型进行有效性验证,本文选取了重庆市作为案例城市,对其交通资源水平与社会经济发展水平的协调性进行评价和分析。重庆市是我国中西部唯一直辖市,同时也是长江上游地区经济商贸物流中心、西南地区综合交通枢纽,分析其交通资源水平与社会经济发展水平的协调性具有重要的现实意义。本文进行实证研究所需的数据来源于国家统计局、《重庆调查年鉴》《重庆统计年鉴》和《重庆市国民经济和社会发展统计公报》,研究期为 2009—2018 年。

4.1 重庆市交通资源水平评价结果分析

根据表 1 中的城市交通资源水平评价指标和计算模型(4)—(10),可得到重庆市 2009—2018 年的城市交通资源水平综合水平指数值,见表 4。表中的数据用折线图表示,如图 1 所示。

表 4　2009—2018 年重庆市交通资源水平评价结果

年份	交通资源类型及其水平评价值				综合水平指数值
	公路	铁路	航空	水运	
2009	0.033	0.008	0.000	0.002	0.042
2010	0.086	0.033	0.017	0.039	0.174
2011	0.130	0.012	0.032	0.050	0.223
2012	0.118	0.034	0.048	0.055	0.254
2013	0.220	0.091	0.063	0.065	0.439
2014	0.197	0.083	0.063	0.073	0.416
2015	0.235	0.098	0.079	0.209	0.621
2016	0.225	0.126	0.105	0.324	0.779
2017	0.285	0.146	0.115	0.333	0.879
2018	0.318	0.141	0.124	0.349	0.932

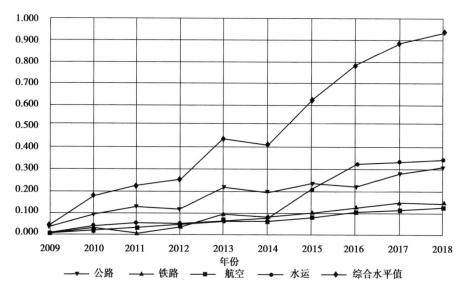

图1　2009—2018年重庆市交通资源水平变化趋势图

由表4和图1可见,重庆市2009—2018年间的交通资源综合水平值除2014年略有下降外其余年份均呈现上升趋势。2012年之后,综合水平值的上升速率明显增大,这可能是因为重庆交通在"十二五"期间(2011—2015)处于政策机遇期,为重庆市交通资源快速发展提供了良好的政策机遇和外部环境。而2014年,重庆市交通资源综合水平指数值由2013年的0.439下降到0.416,其原因可能是2014年重庆市的公路网密度、铁路网密度和铁路运输从业人数较2013年都有所下降;且2014年重庆市公共交通系统发展减弱,公交线网密度和万人公交车标台数均有所降低。

根据表4和图1可知,模型评价结果显示2009—2016年的重庆市公路交通资源水平在一定范围内上下波动,2016年后重庆市的公路交通资源水平开始呈现逐步上升的态势,这可能是由于2016年4月重庆市政府发布了《重庆市人民政府关于主城区优先发展公共交通的实施意见》,促进了重庆市公路交通资源的发展。关于水运资源方面,我国交通运输部指出,尽管2014年的外部市场环境疲软,但重庆市的水运资源仍逆势增长。而后重庆市计划2015年继续加大码头整合力度、推动码头升级改造以及加强完善港口码头建设,这些措施促进了重庆市从2015年开始水运交通资源水平的大幅增长,这也与模型计算结果相符。

4.2　重庆市社会经济发展水平评价结果分析

根据表2中的社会经济发展水平评价指标和模型(4)—(10),可以得到重庆市 2009—2018 年的社会经济发展水平的评价结果,见表 5。根据表 5 的数据可以绘制得到重庆市社会经济发展水平综合值及各子项值的变化趋势,如图 2 所示。

表 5 2009—2018 年重庆市社会经济发展水平评价结果

年份	社会发展水平值	经济发展水平值	综合水平指数值
2009	0.085	0.044	0.129
2010	0.161	0.095	0.257
2011	0.258	0.087	0.345
2012	0.321	0.119	0.440
2013	0.415	0.162	0.577
2014	0.430	0.199	0.629
2015	0.448	0.222	0.670
2016	0.470	0.243	0.712
2017	0.496	0.243	0.739
2018	0.552	0.279	0.831

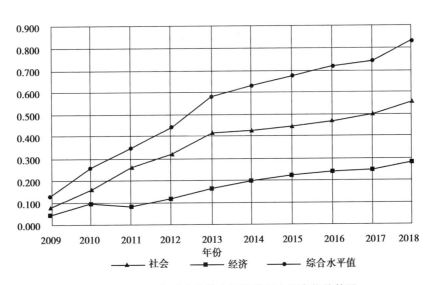

图 2 2009—2018 年重庆市社会经济发展水平变化趋势图

从表 5 和图 2 可以看出,2009—2018 年,重庆市社会经济发展水平综合指数值呈现不断上升趋势,2009—2013 年上升速率较快,2013 年之后的提升速度有所减缓。同时,可以发现重庆市 2009—2018 年的社会经济发展水平整体呈现出低起点、快发展的态势。这是由于在研究期内重庆市不断调整优化产业结构,打造内陆开放高地,不断扩大对外交流合作,并不断推进各项社会事业全面进步,促进了重庆市的社会经济发展。同时重庆集"一带一路"建设、西部大开发和长江经济带发展等多项国家重大政策于一体,也推动着重庆市不断提高其社会经济发展水平。

此外,评价结果显示在 2009—2018 年,重庆市的社会发展水平指数值一直高于经济发展水平指数值。经济发展水平在 2011 年略微下降,原因可能是 2011 年重庆市固定资产投资占 GDP 比重有明显下滑,由 87.15% 下降至 75.95%;同时,重庆市的外商投资企业数由 4 827 个减少至 3 985 个。

4.3　重庆市交通资源水平与社会经济发展水平的协调性评价结果分析

通过将表 4 和表 5 中的数据应用到城市交通资源水平与社会经济发展水平协调性计算模型(1)—(3)中,可以得到 2009—2018 年重庆市交通资源水平与社会经济发展水平之间的耦合度(C_{ts})、综合发展度(T_{ts})和协调发展度(D_{ts})。根据表 1 中的协调度等级划分标准,可以得到重庆市在研究期的每年交通资源水平与社会经济发展水平的协调度等级(表 6)。

表 6　2009—2018 年重庆市交通资源水平与社会经济发展水平协调性评价结果

年份	耦合度(C_{ts})	综合发展度(T_{ts})	协调发展度(D_{ts})	协调发展度等级
2009	0.863	0.086	0.272	低度协调发展
2010	0.981	0.215	0.460	中度协调发展
2011	0.977	0.284	0.527	高度协调发展
2012	0.963	0.347	0.578	高度协调发展
2013	0.991	0.508	0.709	高度协调发展
2014	0.979	0.523	0.716	高度协调发展
2015	0.999	0.646	0.803	全面协调发展
2016	0.999	0.746	0.863	全面协调发展
2017	0.996	0.809	0.898	全面协调发展
2018	0.998	0.882	0.938	全面协调发展

根据表 6 中的数据可以绘制出重庆市交通资源水平与社会经济发展水平之间的耦合度、综合发展度和协调发展度的变化趋势图,如图 3 所示,图中也标示了协调发展度等级区间。

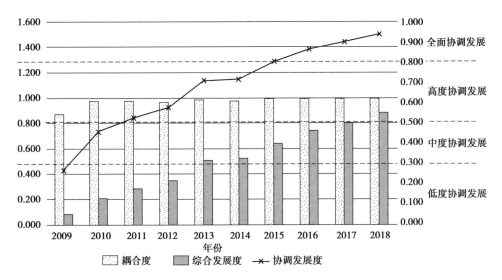

图 3　2009—2018 年重庆市交通资源水平与社会经济发展水平协调发展度变化趋势图

根据表 6 和图 3 可见,重庆市 2009—2018 年交通资源水平和社会经济发展水平的耦合度在 $[0.863,0.999]$ 范围内,不断向 1 靠近,说明二者处于高耦合阶段,两个系统之间接近于良性共振状态。另一方面,从 2009 至 2018 年,重庆市交通资源水平和社会经济发展水平的综合发展度呈现出不断提高的态势。虽然 2014 年重庆市交通资源水平有所下降,但社会经济发展水平持续上升,从而使得综合发展度整体呈现上升状态。而重庆市交通资源水平与社会经济发展水平的协调发展度处于 $[0.272,0.938]$ 区间内,整体呈不断上升的状态,十年间增长了 2.45 倍。

表 6 和图 3 也进一步表明,2009 年重庆市的交通资源水平与社会经济发展水平处于低度协调发展状态,2010 年进入中度协调发展状态。2011 年之后,协调性大幅提升,进入高度协调发展状态,2015—2018 年甚至达到了全面协调发展状态。事实上,为了促进城市可持续发展,我国一直强调协调交通发展和社会经济发展的重要性,在交通规划中要求构造城市交通体系时要充分考量城市社会经济发展水平。例如,2001 年交通部在关于印发《公路、水路交通发展三阶段战略目标》的通知中提出,要在 2020 年初步实现公路、水路交通基本适应国民经济与社会发展的需要。2010 年,住房和城乡建设部在关于印发《城市综合交通体系规划编制导则》

的通知中也指出制定城市交通发展战略时,需考虑城市社会经济发展目标。重庆市积极响应和贯彻了上述发展战略,因而推动了重庆市交通资源与社会经济的协调发展。同时,重庆市政府在公路、水路交通运输"十二五"发展规划(2011)中也提出要将社会经济发展和交通运输发展的目标结合起来,强调交通基础设施的建设是为城市社会经济发展提供可靠的交通运输服务。这些政策为提升重庆市交通资源水平与社会经济发展水平的协调性起到重要的推动作用。

通过上述讨论,可以发现模型评价结果与案例城市的现实情况相符,表明本文构建的城市交通资源水平与社会经济发展水平协调性评价模型是有效、合理的。实证研究结果表明,重庆市的交通资源水平与社会经济发展水平处于高耦合、全面协调发展阶段,说明近十年重庆市的相关政策实施效果较好,可被其他城市借鉴推广。同时,建议重庆市政府今后制定相关发展政策时可以充分考虑和利用交通资源发展与社会经济发展间的联动效应,进一步提升城市交通资源水平和社会经济发展水平,并继续保持二者之间的良好协调发展状态。

5　结论及讨论

本文构建了城市交通资源水平与社会经济发展水平的协调性评价模型,以重庆市为案例城市,评价了重庆 2009—2018 年城市交通资源水平和社会经济发展水平间的协调性,可以得出以下结论:

(1)城市交通资源水平与社会经济发展水平间的协调性对城市可持续发展十分重要,因此本文建立了一个有效评价二者协调性的方法。通过应用这一评价方法发现了研究期内重庆市的交通资源水平和社会经济发展水平均有较大的提升,且二者处于高耦合阶段,接近于良性共振状态。此外,还发现研究期内重庆市交通资源水平和社会经济发展水平的协调性在不断提高,从低度协调发展提升到了全面协调发展状态。

(2)本文的评价结果与重庆市交通资源水平和社会经济发展水平的实际情况相吻合,说明本文构建的城市交通资源水平与社会经济发展水平协调性评价模型具有科学性、有效性和适用性。

本文在一定程度上完善了评价城市交通资源水平与社会经济发展水平协调性的方法。在实践中,该方法的应用可以为案例城市更加准确认知城市交通资源水平与社会经济发展水平的协调性,从而为制订提升协调性的相关政策措施提供参考依据。本文的不足之处是局限于评估城市交通资源水平和社会经济发展水平之间的协调性,而缺乏对协调性影响因素的分析,这可以成为今后进一步的研究内容。

参考文献

[1] 姚孟晗,李云翔,欧雯,等.交通资源配置与区域经济发展关系分析[J].学理论,2013(10):90-92.

[2] 孙云凤,龙秀明,冯婧.云南区域发展水平与交通系统耦合度相关性[J].商洛学院学报,2019,33(4):27-34.

[3] CHI G. The impacts of transport accessibility on population change across rural, suburban and urban areas: a case study of Wisconsin at sub-county levels[J]. Urban studies, 2012, 49(12): 2711-2731.

[4] 张军. 城市交通系统可持续发展综合评价研究[D].成都:西南交通大学,2014.

[5] 玛依拉·艾则孜,林强,姚志刚.基于 DEA 方法的城市公交与经济社会发展协调性研究[J].公路交通科技,2017,34(9):130-137.

[6] 雷怀英.基于 DEA 的交通运输与经济发展的协调性评价[J].统计与信息论坛,2007(1):50-53.

[7] 蒋敏.基于 DEA 的交通与经济发展的协调性分析:以广西为例[J].哈尔滨商业大学学报(社会科学版),2009(1):88-93.

[8] 余沛,杜文,池茂儒.铁路运输与区域经济系统相关性与协调性定量评价[J].铁道运输与经济,2010,32(2):14-17.

[9] 李洋,欧国立.长三角地区交通资源配置与区域经济发展协调性研究[J].中国商贸,2015(25):118-121.

[10] ZHENG Q, KUANG Y, HUANG N. Coordinated Development between Urban Tourism Economy and Transport in the Pearl River Delta, China[J]. Sustainability, 2016, 8(12): 1338.

[11] 李洁,杨宇翔,庞子帅.基于协整分析的区域交通运输与经济发展协调性研究[J].交通运输工程与信息学报,2016,14(2):83-91.

[12] 王久梗.关于交通资源概念和特征的探讨[J].综合运输,2007(7):9-11.

[13] 荣朝和.关于运输经济研究基础性分析框架的思考[J].北京交通大学学报(社会科学版),2009,8(2):1-9.

[14] 李上康.江苏省工业化阶段水路运输资源配置效率评价[J].上海海事大学学报,2016,37(1):75-81.

[15] 王赟潇. 城市社会—经济—环境复合系统协调发展研究[D].重庆:重庆大学,2018.

[16] 黄仁涛.中国社会发展水平评价及动态制图[J].武汉测绘科技大学学报,1994(4):339-345.

[17] 李洋. 交通资源配置与区域经济发展协调性研究:以长三角地区为例[D].北京:北京交通大学,2016.

[18] 芮夕捷,宋宇萌.基于 Granger 因果性的陕西公路交通资源配置效率研究[J].中国公路学报,2017,30(9):133-141.

[19] 王姣娥,杜德林.东北振兴以来地区经济发展水平演化及空间分异模式[J].地理科学,2016,36(9):1320-1329.

[20] 汤铃,李建平,余乐安,等.基于距离协调度模型的系统协调发展定量评价方法[J].系统工程理论与实践,2010,30(4):594-602.

[21] 赵安周,李英俊,卫海燕,等.陕西省城市化与资源环境的耦合演进分析[J].农业现代化研究,2011,32(6):725-729.

[22] 张轩.辽宁省人口城镇化与土地城镇化耦合协调发展评价研究[J].统计与信息论坛,2015,30(10):65-71.

[23] 杨新刚,张守文,夏永久,等.安徽省县域"人口—经济—空间—环境"城镇化耦合协调性分析[J].地理与地理信息科学,2017,33(2):81-86,126,2.

[24] 赵学鹏,孜比布拉·司马义,盛永财.新疆城镇化与生态环境耦合协调度及其空间特征分析[J].四川师范大学学报(自然科学版),2017,40(6):831-838.

[25] 王伟新,许蒋鸿,王晓萱,等.长江经济带现代农业—区域经济—生态环境耦合关系的时空分异[J].农业现代化研究,2020,41(1):64-74.

[26] LIAO S, WU Y, WONG S W, et al. Provincial perspective analysis on the coordination between urbanization growth and resource environment carrying capacity (RECC) in China[J]. Science of The Total Environment, 2020, 730(9): 138964.

收稿日期:2021 年 2 月 11 日。

基金项目:中央高校基地项目(No.2020CDJSK03PT18);
中央高校基金项目(2021CDJSKZD03)。

作者简介:张雪琴(1997—   ),女,四川省安岳县人,重庆大学管理科学与房地产学院硕士研究生,主要研究方向为可持续城镇化,E-mail:zxqdea1123@ 163.com。

*通信作者:申立银(1959—   ),男,四川苍溪人,教授,重庆大学管理科学与房地产学院博士生导师。主要研究方向为可持续城镇化,E-mail:shenliyin@ cqu.edu.cn。

基于网络游记的城市假期旅游流时空演化分析

——以重庆市为例

吴诗婕[1,2]，舒天衡[1,2]，申立银[1,2*]，杨镇川[1,2]，史方晨[1,2]

(1.重庆大学可持续建设国际研究中心，重庆 400044；

2.重庆大学 管理科学与房地产学院，重庆 400044)

摘　要：基于马蜂窝旅游网的 2 252 条网络游记数据，采用社会网络分析法研究重庆市 2015—2019 年假期旅游流的网络结构特征及时空演化规律。结果表明，在研究期 2015—2019 年：①重庆市假期旅游流网络密度整体呈上升趋势，旅游流空间联系不断增强，产品供给与旅游需求进一步匹配，但绝对密度不大，仍有较大的提升空间；②重庆市假期旅游流网络均存在明显的不均衡性，核心—边缘等级分层现象突出，核心节点的联结作用显著增强，且发散趋势相较集聚趋势更为明显；③8 个不同景点类型的度数中心度变化均呈上升　下降—上升态势，各景点类型集聚与辐射能力差距明显，中间中心度变化呈增长、稳定和下降 3 种态势，除民俗文化类，其余景点类型控制水平相当。④重庆市的典型旅游资源景点与其他景点在假期旅游流网络中的中心性差距逐年拉大，具有鲜明城市特色的景点对游客的吸引力更大。

关键词：网络游记；假期旅游；旅游流；时空演化；重庆市

中图分类号：F592.7　　　　　　　**文献标识码：**A

Analysis on Spatial and Temporal Evolution of Holiday Tourism Flow Based on Online Travel Notes

—A Case Study of Chongqing

WU Shijie[1,2], SHU Tianheng[1,2], SHEN Liyin[1,2*],

YANG Zhenchuan[1,2], SHI Fangchen[1,2]

(1. International Research Center for Sustainable Built Environment,

Chongqing University, Chongqing 400044, China; 2. School of Management Science and

Real Estate, Chongqing University, Chongqing 400044, China)

Abstract：Based on 2,252 pieces of online travel data drawn from Mafengwo Travel website, we applied social network analysis method to study the network structure characteristics, temporal and spatial evolution of holiday tourism flow from 2015 to 2019 in Chongqing. The results present several interesting findings as follows. ① The overall density of holiday tourism flow network has been experiencing growth progress, the spatial connectivity of tourism flow continues to increase, and the match degree between supply and demand of tourism product are enhanced. However, the density value of holiday tourism flow itself is relatively low, which has a great potential to be improved. ② There are significant imbalances among holiday tourism flow network in Chongqing： The phenomenon of core-peripheral hierarchical stratification is prominent, the connectivity of core nodes is significantly enhanced, and the divergence trend is more obvious than the agglomeration trend. ③ Basically, the change of "point centrality" for eight different attractions types (defined in this study) show an up-down-up trend from 2015 to 2019, and there is a significant gap between agglomeration and radiation capabilities for different attractions types. Furthermore, there are three different change trends of "betweenness centrality" for those eight different attractions types, namely increasing, steady and declining trend. And except for folk culture attractions type which has a strong controlling effect in the tourism flow network, others are in similar controlling level. ④ The centrality gap between Chongqing's several typical types of attractions and others in the holiday tourism flow network has widened year by year, and the attractions with distinctive urban characteristics are more attractive to tourists.

Key words：online travel notes; holiday tourism; tourism flow; spatial and temporal evolution; Chongqing city

0 引　言

　　假期旅游如今已逐渐上升为人们的刚性需求,成为居民日常生活的必要组成部分,而短时、高强度的假期旅游流作为引导城市服务业和旅游关联行业布局的重要参考,已然成为研究者们的关注焦点。同时,随着多元化旅游需求的不断产生以及旅游流网络不断呈现出新的演化态势,旅游流的时空特征表现出复杂多样的特点,进一步迫使城市旅游经济的转型升级。综上可知,研究假期间旅游流时空特征可以为旅游目的地城市的旅游资源和要素的合理配置及空间布局优化提供重要依据,从而促进旅游规模化、特色化、优质化发展。

旅游流的概念包括广义和狭义两种,广义旅游流是指客源地与目的地以及目的地与目的地之间的单向旅游客流,包括旅游信息流、旅游资金流等。狭义旅游流是指在一个区域上由于旅游需求的相似性而引起的旅游者集体性空间位移现象,具体指旅游者从客源地向目的地流动的人群数量和流动模式。本文所指旅游流,则为其狭义概念。早在 20 世纪 60 年代,国外学者就开始了对旅游流空间模式及旅游流影响的研究,以 Williams、Campbell、Pearce 等为代表的一批外国学者成为旅游流研究的先行者,其研究主要集中在旅游流空间模式、旅游流流量统计与预测和旅游流的影响因素三个方面;而在国内,关于旅游流的研究始于 20 世纪 80 年代,郭来喜、保继刚、杨兴柱、汪德根等一批学者开创了我国旅游流研究的先河,其研究聚焦在中国背景下的旅游流网络结构、旅游流时空分布及演化、旅游流的影响因素等方面。关于旅游流的研究方法,比较常用的方法是社会网络分析,其在进行旅游流网络空间模式及时间演化研究中十分有效,相应的数据来源从较早的统计年鉴、问卷和访谈数据转变到近年使用较多的网络数据,如网络游记、照片、通话信息等,为本文的研究方法和数据采集提供了基础。总的来看,已有研究多针对于城市或景区全年总体上的旅游流时空特征分析,而少有聚焦于城市假期旅游流的深入研究,实际上关注假期旅游这一特殊的"高峰"旅游期,更能找到城市旅游景区布局和资源分配的薄弱环节;同时,以往研究多以单一景点或者相应的景点集群为切入点进行分析,而对城市内部不同类型的景区旅游流时空演化规律的挖掘尚未深入。

鉴于此,本文以重庆市为例,基于采集的 2015—2019 年游客访渝的马蜂窝旅游网的网络游记,从中提取出假期时段的游记,采用社会网络分析法构建其旅游流网络,进一步分析重庆市假期内部旅游节点及景区类型的空间特征及时空演化规律,以期为重庆市假期时段旅游流调控与协调发展提供参考。

1 研究设计

1.1 研究区概况

重庆市位于中国内陆西南部、长江上游地区,紧邻四川、贵州、湖南、湖北和陕西五省,旅游资源极其丰富,其中自然类旅游资源点 2 449 个,人文类旅游资源点

1 593 个。截至 2019 年末,全市拥有国家 A 级旅游景区 242 个,其中 5A 级景区 8 个,4A 级景区 106 个,3A 级景区 76 个,2A 级景区 51 个,1A 级景区 1 个。据 2019 年中国旅游城市排行榜显示,重庆在各城市排名中位列第二,并以旅游总人数 65 700 万人成为 2019 年游客最喜欢的城市。特别地,重庆市近年来的假期旅游十分火爆,2019 年仅 5 个法定小长假期间全市共接待游客 15 907.95 万人次,占全年接待游客总量的 24.2%,实现旅游收入 880.62 亿元,占全年旅游总收入的 15.3%,可见重庆市假期间的旅游流具有高强度、集中化的典型特征,选择其作为研究对象具有代表性和现实意义。

1.2 数据来源及处理

本文选择国内知名的旅游服务平台马蜂窝旅游网作为数据源,采用网络爬虫技术抓取马蜂窝旅游网公开发布的重庆市网络游记文本数据,采集时间段为 2015 年 1 月 1 日至 2019 年 12 月 31 日,共采集游记数据 11 353 条。游记内容主要包括游记用户名、出发时间以及游览路线。基于游记里面的出发时间,提取出属于我国法定节假日期间游玩记录的游记,法定节假日包括元旦、春节、清明节、劳动节、端午节、中秋节和国庆节。之后,对初步筛选的假期游记进行人工校验,提取有 2 个及以上景区(点)的空间行程,将仅包含少许文字且无法提取行程信息或游览信息不全的游记剔除,同时剔除广告植入游记。最终获得假期有效标准游记 2 252 条,其中,2015 年的有 340 条,2016 年的有 403 条,2017 年的有 386 条,2018 年的有 533 条,2019 年的有 590 条。针对这些游记数据,根据旅游景区的地理位置、从属关系、知名度、资源类型等特征,进一步对游记涉及的部分分散景点进行合并处理,保证选择的旅游节点具有较高的到访率和代表性,同时根据游记中游览景点的先后顺序,提取得到结构化的旅游线路信息。经以上步骤,本文最终提取具有统计意义的 35 个景点作为旅游空间网络的节点,以下统称为旅游节点,各节点的空间位置如图 1 所示。

为了后续对不同类型景点的假期旅游流展开时空演化分析,本文根据提取的 35 个景点的特征将其归纳为 8 种景点类型(表 1)。

● 旅游景点 1.李子坝传统风貌区 2.宋庆龄故居 3.山城第三步道 4.解放碑 5.国泰艺术中心 6.罗汉寺 7.洪崖洞
□ 行政边界 8.长江索道 9.湖广会馆 10.三峡博物馆 11.仙女山 12.印象武隆 13.天生三桥 14.地缝 15.芙蓉洞

图 1　本文选取的旅游节点空间分布图

表 1　研究景点类型划分表

资源分类	景点类型	景点
自然旅游资源	地文景观	芙蓉洞、天生三桥、地缝
	生物景观	仙女山、重庆动物园
人文旅游资源	建筑与遗址遗迹	宋庆龄故居、南滨路、中山四路、三峡博物馆、湖广会馆
	宗教文化	罗汉寺
	城乡风貌	观音桥、解放碑、洋人街、朝天门、长江索道、山城第三步道、李子坝传统风貌区
	现代设施	重庆科技馆、重庆大剧院、华生园金色蛋糕梦幻王国、皇冠大扶梯、鹅岭、南山风景区、国泰艺术中心、印象武隆、十八梯、罗中立美术馆、川美涂鸦一条街
	红色文化	渣滓洞、白公馆、红岩革命纪念馆
	民俗文化	磁器口、洪崖洞

1.3　研究方法

本文采用社会网络分析法研究重庆市 2015—2019 年假期旅游流的网络结构

特征及其时空演化规律。社会网络分析法的核心在于社会中纷繁复杂的关系形态表达为可分析的网络结构,从而揭示网络结构反映的社会结构和个体的交互关系,该方法目前已被广泛运用在旅游学科的研究。本文中的景点即为社会网络结构中的节点,旅游流即为节点与节点之间的作用关系,基于构建的旅游流网络结构,可以相应计算特定的指标,从而展开对重庆市假期旅游流网络结构及时空演化特征的分析。本文在参考有关旅游流网络结构研究的基础上,根据实际研究需要,选取以下基于旅游流社会网络分析法的评价指标:①网络密度;②网络中心势类指标,包括度数中心势和中间中心势指标;③核心—边缘分析指标;④节点中心度分析中的度数中心度和中间中心度;⑤结构洞分析中的效能大小指标。其中网络密度、网络中心势、核心—边缘分析指标用于旅游流网络时空演化分析,节点中心度和节点中心度分析指标用于旅游流节点特征时空演化分析。

本文选择 UCINET 软件进行社会网络分析。首先,基于确定的研究范围和从网络游记中获取的旅游节点数量,分别建立 2015—2019 年游客流向流量数据库。然后,构建赋值矩阵,数字 0 表示节点间不存在空间行为流动关系,数字 1 表示节点间存在空间行为流动关系,并对旅游者的流动轨迹依次累加,按照年份建构 5 个 35×35 的赋值矩阵。在此基础上,选择合适的断点值并对矩阵进行二值化处理,建立二分矩阵。通过反复测试,当切分值选择 3 时,大部分旅游节点之间的关系无法显示。经反复测试,本文选择 1 作为切分点,将大于等于 1 的关系数据取值为 1,小于 1 的关系数据取值为 0,这样充分反映 2015—2019 年重庆市旅游流时空演化特征,具有较强的可比性和科学性。最后借助 UCINET 软件中的可视化模块,生成重庆市 2015—2019 年 5 个旅游流网络结构图,进一步基于 UCINET 中 Net Work 模块,计算得到旅游流网络结构的网络密度、度数中心势、中间中心势及核心—边缘模型,以及网络中各旅游节点的度数中心度、中间中心度、效能大小。

2   旅游流网络时空演化分析

2.1   网络密度演化分析

通过应用 UCINET 软件中的 Net Draw 功能,构建了重庆市 2015—2019 年假期间旅游流网络结构图,如图 2 所示。

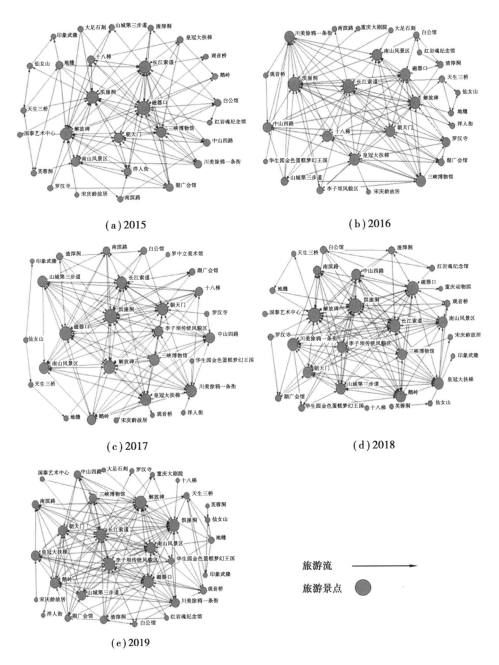

(a) 2015　　　　　　　　　　　　　　　(b) 2016

(c) 2017　　　　　　　　　　　　　　　(d) 2018

(e) 2019

图 2　重庆市 2015—2019 年假期旅游流网络结构

由图 2 可知,重庆市整体假期旅游流网络结构规模随时间推移而逐步扩大,网络联系日渐增强,历年假期旅游流网络结构形态呈现继承性的发育蔓延特征,且节点中心均集中在渝中区和沙坪坝区。通过计算得到 2015—2019 年重庆市假期旅游流网络密度分别为 0.1364、0.1354、0.1477、0.1595、0.1765,网络密度总体呈上升趋势,且在 2017 年后上升幅度较为明显,表明各旅游节点间的联系越来越紧密,旅游流空间联系不断增强。这可能是因为近年来重庆市假期旅游经济拉动效应凸显,发展势头强劲,大众旅游需求日益增加,旅游消费旺盛。同时,图 2 显示,洪崖洞、解放碑、长江索道、磁器口在这 5 年间一直位于网络结构的密集中心,且近年来,川美涂鸦一条街、南山风景区、李子坝传统风貌区也陆续成为网络结构的密集中心。2016—2018 年陆续新增旅游节点,如李子坝传统风貌区、华生园金色蛋糕梦幻王国、重庆大剧院等,这表明重庆市假期旅游流空间流动范围呈逐年扩大态势,旅游节点数的增加也意味着旅游供给端产品越丰富,产品结构越合理,产品供给与旅游需求进一步匹配,假期旅游消费结构呈现新的趋势,全市旅游业逐步向全域旅游转型发展。但值得注意的是,重庆市假期旅游流网络密度绝对值仍然较低,未来仍有较大的提升空间,需要进一步加强旅游节点之间的联系和资源要素流动,形成更成熟、完善的旅游流网络结构。

2.2 网络中心势及核心—边缘分析

通过计算得到 2015—2019 年重庆市旅游流网络结构的内向度数中心势为 34.28%、31.15%、33.11%、30.40%、34.89%,外向度数中心势为 37.50%、34.38%、39.55%、42.88%、41.14%。可见,内向度数中心势与外向度数中心势 5 年间没有显著变化,且每年所对应的外向度数中心势大都高于当年的内向度数中心势。这表明每年的旅游流网络结构均存在着一定的不均衡性,整体旅游流网络结构受核心节点控制,且核心节点的发散趋势相较集聚趋势更为明显。同时,2015—2019 年重庆市中间中心势为 17.71%、10.27%、8.64%、11.41%、14.84%。整体来看,这 5 年的中间中心势相对较低,表明在这 5 个旅游流网络结构中大多的旅游节点都通过少数核心旅游节点来发生联结。

通过 UCINET 软件中的核心—边缘分析计算,识别得到 2015—2019 年重庆市假期旅游流网络结构中核心旅游节点数量分别为 7 个、19 个、18 个、17 个、22 个(图 3),由此可见核心节点数量增加显著,且结合核心节点的分布位置发现其有以渝中区为核心向四周发散的态势。其中,2015—2019 年,城乡风貌类及现代设施类景点的核心旅游节点数增加显著,意味着重庆市旅游业差异发展、特色发展的巨大潜力得到释放,现已创造出大量新的旅游业态,如李子坝传统风貌区、川美涂鸦一条街,为旅游产业发展注入了新的活力。城乡风貌类景点如解放碑、朝天门、长

江索

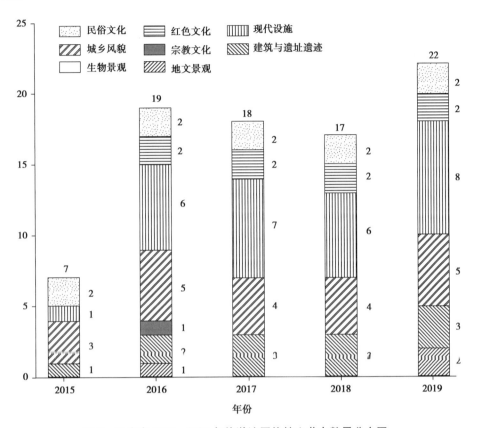

图3　重庆市2015—2019年旅游流网络核心节点数量分布图

道、山城第三步道等5年间均属于旅游流网络结构中的核心节点,表明这些景点因其较高的知名度和美誉度吸引着国内外游客,成为大多数来渝游客的必游之地,此类景点具有旅游流量大、集聚和福射功能较强的特点。民俗文化类景点(磁器口、洪崖洞)在每年的旅游流网络结构中一直属于核心旅游节点,这两个景点属于能代表城市特色的典型节点,为城市传统的旅游中心点,具有担负旅游集散中心的作用。红色文化类景点(渣滓洞、白公馆)在2016—2019年一直属于旅游流网络结构中的核心旅游节点,表明红色旅游资源已得到深度开发,服务功能已全面拓展,"红岩联线"旅游精品线路成为大众来渝的必然选择。宗教文化类景点仅在2016年的假期旅游流网络结构中担任核心旅游节点,表明宗教文化类景点的旅游功能尚待深化,旅游影响力和吸引力有待提高,宗教文化类旅游产品需进一步培育。在建筑与遗址遗迹类景点中,三峡博物馆一直为旅游流网络结构中的核心节点,而代表历史文化的中山四路、南滨路在2017年后也一直处于旅游流网络结构中的核心地位,表明以旅游产业向文化产业渗透的融合模式已较为成熟,旅游资源与文化内涵高度融合。地文景观类景点在 2019 年的旅游流网络结构中核心旅游节点数增加至 2 个,分别是天生三桥、地缝,表明从重庆市颁布"旅游业十三五规划"以来,以天生三桥、地缝为代表的地文景观类景点旅游服务功能有所增强,旅游要素进一步完善,服务品质得到游客认可。

另外从核心—边缘密度矩阵来看,2015—2019 年核心旅游节点与核心旅游节点的关系密度分别为 0.905、0.368、0.471、0.555、0.39,而边缘节点与边缘节点的关系密度为 0.026、0.011、0.014、0.015、0.015。由此可知,重庆市 2015—2019 年的旅游流网络结构均存在明显的等级分层,核心节点对其边缘区域的带动作用较小。

3　旅游节点特征时空演化分析

3.1　度数中心度分析

旅游流网络结构中如果一个点与许多点直接相连,那么该点就具有较高的度数中心度,包括点出度和点入度。考虑到篇幅限制,仅展示重庆市 2015—2019 年排名前十的假期旅游节点度数中心度,见表 2。

表 2　重庆市 2015—2019 年排名前十的假期旅游流节点度数中心度

2015 年	点出度	点入度	2016 年	点出度	点入度	2017 年	点出度	点入度
磁器口	15	16	磁器口	14	12	磁器口	15	13
长江索道	12	15	长江索道	12	11	解放碑	12	15
洪崖洞	11	15	洪崖洞	10	15	川美涂鸦一条街	11	9
三峡博物馆	11	9	三峡博物馆	10	9	山城第三步道	11	6
解放碑	11	16	解放碑	9	12	三峡博物馆	11	5
朝天门	8	11	朝天门	9	9	皇冠大扶梯	10	11
南山风景区	7	8	皇冠大扶梯	9	9	长江索道	10	14
洋人街	6	6	川美涂鸦一条街	9	7	李子坝传统风貌区	10	6
十八梯	6	6	十八梯	8	8	中山四路	9	7
地缝	6	1	山城第三步道	7	2	鹅岭	7	6

续表

2018 年	点出度	点入度	2019 年	点出度	点入度
磁器口	15	13	解放碑	17	16
川美涂鸦一条街	14	8	长江索道	15	14
解放碑	14	17	李子坝传统风貌区	15	17
李子坝传统风貌区	13	8	磁器口	14	15
长江索道	13	15	洪崖洞	13	19
山城第三步道	12	9	鹅岭	12	13
鹅岭	12	12	川美涂鸦一条街	11	7
皇冠大扶梯	12	10	皇冠大扶梯	11	9
洪崖洞	11	19	三峡博物馆	10	7
三峡博物馆	9	7	山城第三步道	10	7

从表 2 可看出,2015—2019 年,磁器口、解放碑、长江索道、三峡博物馆、川美涂鸦一条街、洪崖洞在假期旅游流网络结构中的点出度一直位于前六,其中磁器口长期位列第一,表明该节点在旅游流网络结构中具有显著的辐射作用。而解放碑、磁器口、长江索道、洪崖洞在假期旅游流网络结构中的点入度一直位于前五,其中洪崖洞长期位列第一,表明以上节点在旅游流网络结构中具有明显的集聚作用。值得注意的是,李子坝传统风貌区、鹅岭作为重庆市近年来新兴网红打卡景点,对其他旅游节点的辐射能力逐年增强,点出度排名由 2015 年的倒数上升至 2019 年的前列。综上所述,磁器口、解放碑、长江索道、洪崖洞、三峡博物馆、川美涂鸦一条街在旅游流网络结构中处于重要的中心地位,并对其他非中心地位的旅游节点产生影响和支配效力。此外,全部计算数据显示印象武隆、宋庆龄故居、芙蓉洞、观音桥在旅游流网络节点中均排名靠后,且长期位列倒数,此表明这四个景点在旅游流网络结构中相较处于非中心地位,集聚与辐射能力较弱。

依据景点类型来看(图 4),重庆市 2015—2019 年 8 个景点类型的度数中心度曲线(按各类景点的均值绘制)都在一定范围内反复波动,且均呈上升—下降—上升趋势。其中,民俗文化类、城乡风貌类、现代设施类和宗教文化类景点波动幅度较大,表明这四类景点易受其他旅游节点的影响。从现代设施、宗教文化类景点来看,二者旅游功能建设正处于高速发展阶段,旅游开发体系尚未完全成熟,景点受众程度不一,旅游热度较不稳定。值得注意的是,民俗文化类景点的度数中心度呈上升—下降—上升的趋势十分显著,这可能是因为随着重庆市"旅游业十三五规划"的实施推进,旅游资源依城、依景、依通道聚集,代表着巴渝文化兴衰变迁的景点旅游热度有所上升,而之后又因新增旅游节点数的不断增多,导致其度数中心度减小;而当现代时尚的潮流与传统的巴渝文化交融后,意外碰撞出的火花则备受游客的喜爱,从而导致该类景点旅游吸引力大大提升,度数中心度大幅增长。相较于以上景点类型,红色文化类曲线 5 年间整体处于较平稳状态,表明该景点类型的旅游产业规模和质量一般,旅游产品单一,对其他景点类型的集聚、辐射能力较弱,且旅游产品开发已相对成熟,从而导致其对相关旅游产业布局优化措施不敏感,带动提升作用不明显。

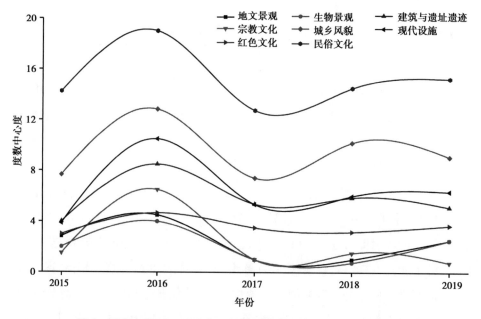

图 4   重庆市 2015—2019 年不同类型景点度数中心度变化曲线图

3.2   中间中心度分析

旅游流网络结构中如果一个点处于许多其他点对的捷径,那么该点就具有较高的中间中心度,中间中心度大小可以表征节点在旅游网络结构中的控制能力。重庆市 2015—2019 年排名前十的假期旅游节点中间中心度见表 3。

表 3　重庆市 2015—2019 年排名前十的假期旅游节点中间中心度

2015 年	中间中心度	2016 年	中间中心度	2017 年	中间中心度
洪崖洞	197.697	磁器口	121.347	磁器口	98.017
磁器口	153.036	洪崖洞	119.004	解放碑	92.72
解放碑	122.29	解放碑	118.625	皇冠大扶梯	54.427
仙女山	97	长江索道	73.001	川美涂鸦一条街	43.557
天生三桥	75.483	天生三桥	59	地缝	40
长江索道	68.189	川美涂鸦一条街	58.685	长江索道	34.019
南山风景区	40.745	皇冠大扶梯	40.823	三峡博物馆	25.004
三峡博物馆	34.017	中山四路	25.321	天生三桥	21
朝天门	29.166	三峡博物馆	23.667	朝天门	20.449
白公馆	28.402	十八梯	23.028	中山四路	19.774

2018 年	中间中心度	2019 年	中间中心度
解放碑	137.07	洪崖洞	181.139
磁器口	131.549	解放碑	158.196
洪崖洞	103.328	天生三桥	154.25
长江索道	61.058	长江索道	105.055
皇冠大扶梯	38.37	李子坝传统风貌区	91.667
朝天门	32.049	磁器口	80.518
川美涂鸦一条街	27.98	仙女山	40.833
三峡博物馆	26.915	朝天门	39.785
白公馆	24.3	皇冠大扶梯	30.956
天生三桥	24	地缝	24.094

从表 3 可看出,磁器口、解放碑、天生三桥、长江索道在 2015—2019 年重庆市假期旅游流网络结构中中间中心度一直稳居前十,其中解放碑则以绝对优势长期位列前三,表明以上 4 个旅游节点在旅游流网络结构中拥有很强的控制能力,且其他旅游节点对其依赖程度较大,起到了明显的"桥梁作用"。而依据全部计算数据可知,观音桥、印象武隆、罗汉寺、重庆大剧院、国泰艺术中心等节点在旅游流网络结构中中间中心度均排名靠后,表明上述旅游节点对其他旅游节点的旅游流控制能力较弱,中间中心性地位低。总体而言,重庆市 2015—2019 年旅游节点中间中心度的平均值分别为 27.333、22.515、14.939、20.118、29.088,整体呈倒 U 形分布,表

明平均每个旅游节点在整个旅游流网络结构中所具有的控制能力 5 年间呈现先减小后增大的态势。

从景点类型来看(图 5),重庆市 2015—2019 年假期旅游流网络结构中 8 个景点类型的中间中心度变化曲线(按各类景点均值绘制)表现为增长型、稳定型和下降型 3 种模式。其中,中间中心度增加的有地文景观类、城乡风貌类景点,下降的有民俗文化类、生物景观类景点,其余 4 类景点的中间中心度较为稳定。总的来看,民俗文化类景点历年的中间中心度均远高于其他类型景点,其中宗教文化类中间中心度均值除在 2016 年为 2.856 外,其余 4 年值均为 0。可见,重庆市宗教文化类旅游节点整体在旅游流网络结构中控制能力很弱,民俗文化类旅游节点整体在旅游流网络结构中控制能力很强。重庆作为巴渝文化的发祥地,依托巴渝文化等特色民俗文化资源开发的多类型、多层次的文化旅游精品早已成熟,已然成为游客心中重庆市的"典型名片"。而宗教文化类景点在重庆市各景点中数量相对较少,相关部门及企业对该类型的旅游产品品牌建设和推广也没有足够重视,二者共同导致了其旅游知名度不高、旅游功能不够完善。

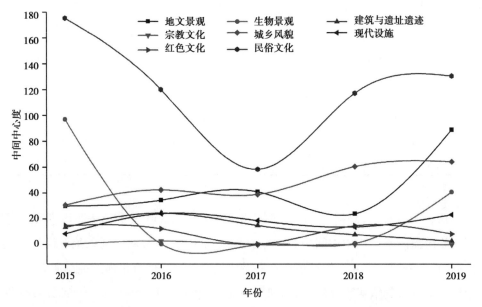

图 5　重庆市 2015—2019 年不同类型景点中间中心度变化曲线图

3.3　结构洞分析

结构洞分析可以识别旅游流网络结构中节点的竞争优势,本文运用效能大小指标进行相应分析。重庆市 2015—2019 年假期间 35 个旅游节点的效能大小分布如图6所示。

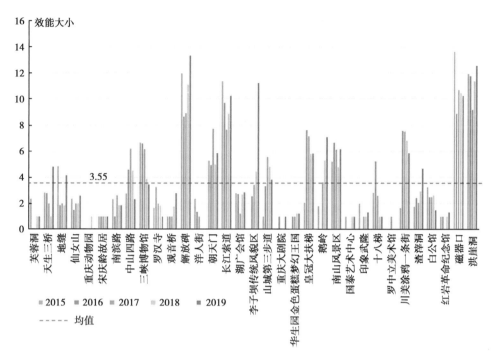

图6 重庆市2015—2019年旅游节点效能大小比较

由图6可见,解放碑、朝天门、长江索道、南山风景区、磁器口和洪崖洞各年的效能大小都远远超过平均水平(均值3.55),长期保持"热门位"优势,而芙蓉洞、重庆动物园、宋庆龄故居、重庆大剧院、华生园金色蛋糕梦幻王国、国泰艺术中心、红岩革命纪念馆、印象武隆等冷门景点5年来效能大小一直处于低位且变化不大,竞争劣势日益突出。主要的原因可能是旅游新媒体传播尚未形成综合性、专业性的旅游宣传,且主要聚焦于重庆市少数典型性的旅游资源,不重视全体旅游资源的均衡发展,导致对其他非典型旅游资源发展的实质性推动作用不大。

值得注意的是,李子坝传统风貌区、鹅岭的效能大小在5年中呈上升趋势,这意味着以此两处景点为代表的新兴节点逐渐崭露头角,游客认可度提高。而天生三桥、三峡博物馆、洋人街的效能大小在5年中则呈下降趋势,尤其是三峡博物馆,2017年后效能大小下降幅度最大,主要的原因可能是2017年后随着"网红景点打卡"的兴起,部分现代新兴景点及城乡民俗景点因各具鲜明的城市特色,倍受游客的喜爱,从而导致诸如三峡博物馆等具有历史遗迹性质的旅游景点吸引力降低。

4   结论及讨论

本文基于 2015—2019 年假期游客访渝的网络游记,运用社会网络分析方法,分析了重庆市假期内部旅游节点及景区类型的空间特征及时空演化规律,得出一些主要结论,并进行相应讨论。

(1)重庆市 2015—2019 年假期旅游流网络密度整体呈上升趋势,旅游流空间联系不断增强,产品供给与旅游需求进一步匹配,全市旅游业逐步向全域旅游转型发展,但网络密度依然不高,具有较大提升空间。因此,重庆一些热门旅游景区应加快利用信息化手段全面提升旅游服务水平,推动旅游产品网络化定制、旅游管理在线实时调度服务的发展。此外,相关旅游企业应以地铁、轻轨、索道、游轮以及有轨无轨公交等立体旅游交通为依托,串联各个"网红景点"、自然景观和历史文化街区,合理宣传与营销,建立城市旅游资源品牌优势,扩大旅游流网络密度。

(2)从网络中心势、核心—边缘分析结果来看,重庆市 2015—2019 年假期旅游流网络结构均存在一定的不均衡性,核心—边缘等级分层结构明显,核心节点的联结作用显著增强,且发散趋势相较集聚趋势更为明显。因此,重庆市有关旅游部门应着力解决边缘旅游节点普遍存在的"透明化""浅表化"严重的问题,加强核心节点对边缘节点的"涓滴效应"。

(3)重庆市 2015—2019 年假期旅游流网络的 8 个景点类型的度数中心度变化均呈上升—下降—上升态势,且度数中心度均值分布差异较大,集聚与辐射能力差距明显。其中,民俗文化类、城乡风貌类、现代设施类景点波动幅度较大且长期处于高位,地文景观类及生物景观类则相较处于低位;具体来看,现代设施、宗教文化类景点旅游功能建设正处于高速发展阶段,旅游开发体系尚未完全成熟,旅游热度较不稳定,而民俗文化类景点因其现代与传统的"交融"特色而深受游客喜爱。而从中间中心度的变化来看,地文景观类、城乡风貌类景点在旅游流网络中对其他旅游节点的整体控制效力显著提升;民俗文化类、生物景观类景点则在旅游流网络中对其他旅游节点的整体控制效力减弱。基于以上分析,重庆市应重点发展以"民俗文化""城乡风貌""现代设施类"旅游为引领,其余类型景观体验并重的短程休闲度假旅游,打造环城休闲憩带,构建"多干多支"旅游空间发展格局。

(4)从具体的景点来看,2015—2019 年重庆市假期旅游流网络的典型旅游资源景点与其他景点在假期旅游流网络结构中的中心性差距逐年拉大,具有鲜明城市特色的景点的游客吸引力更大。具体来看,磁器口、解放碑、长江索道、洪崖洞、三峡博物馆、川美涂鸦一条街一直处于网络核心节点地位,中心度较大,结构洞水平较高,对其他旅游节点产生集聚、辐射和控制效力,独立性强,拥有非替代性的竞争优势;而印象武隆、观音桥、重庆动物园、罗中立美术馆一直位于竞争劣势地位,对其他旅游节点集聚、辐射和控制效力弱,易受其他旅游节点影响。此外,以李子坝传统风貌区、鹅岭为代表的新兴节点逐渐崭露头角,游客认可度提高。重庆市作为山水之城、美丽之城,应按照因地制宜、突出特色的要求,推进区域协调发展。以发展文旅融合特色景区为例,相关旅游部门应积极推动磁器口古镇提质扩容,保护修缮十八梯等历史文化和传统风貌街区,深度挖掘民俗文化、宗教文化、红色文化、现代设施类个性化景点等,延续城市文脉,推动文化元素植入景区景点、融入城市街区等。

本文通过分析重庆市假期间旅游流网络结构特征及时空演化规律,对科学认识重庆市假期时段旅游流分布规律和明确各旅游景区类型在区域中的旅游发展水平有着一定的借鉴作用,从而为合理配置旅游目的地资源及优化旅游产业空间布局提供了必要依据,同时,有助于推进城市旅游产业改革发展、转型升级、提质增效。本文采用网络游记作为数据来源有一定的局限性,网络游记的发布者多为年轻群体,故本文更多地体现了年轻人的旅游流分布特征。此外,本文描述了重庆市旅游流空间结构特征及时空演化规律,但未能对其空间结构形成原因及主要影响因素进行深入分析,这是后续研究需要进一步解决的问题。

参考文献

[1] 贺亚楠,任以胜,李磊,等.特殊时段黄山市旅游流网络结构分析:以2018年"十一"黄金周为例[J].资源开发与市场,2020,36(4):411-416.

[2] 张佑印,顾静,马耀峰.旅游流研究的进展、评价与展望[J].旅游学刊,2013,28(6):38-46.

[3] WILLIAMS A V, ZELINSKY W. On some patterns in international tourist flows[J]. Economic Geography, 1970, 46(4): 549-567.

[4] CAMPBELL C K. An approach to research in recreational geography[M]. British Columbia: Department of Geography, University of British Columbia, 1967: 89-93.

[5] PEARCE D G. Form and function in French resorts[J]. Annals of Tourism Research, 1978, 5(1): 142-156.

[6] 杨兴柱,顾朝林,王群.南京市旅游流网络结构构建[J].地理学报,2007,62(6):609-620.

[7] 汪德根.京沪高铁对主要站点旅游流时空分布影响[J].旅游学刊,2014,29(1):75-82.

[8] 唐顺铁,郭来喜.旅游流体系研究[J].旅游学刊,1998,13(3):38-41.

[9] 李创新,马耀峰,张佑印,等.中国旅游热点城市入境客流与收入时空动态演化与错位:重力模型的实证[J].经济地理,2010,30(8):142-147.

[10] 张允翔,周年兴,申鹏鹏,等.1996—2016年间江苏省旅游空间结构演化与影响机制

研究[J].长江流域资源与环境,2018,27(1):107-115.

[11] 周李,吴殿廷,虞虎,等.基于网络游记的城市旅游流网络结构演化研究:以北京市为例[J].
地理科学,2020,40(2):298-307.

[12] 刘大均,陈君子.成渝城市群旅游流网络空间与区域差异研究[J].西南师范大学学报(自然
科学版),2020,45(12):112-119.

[13] 朱海珠,曹芳东.基于地理标记照片的游客流动网络结构特征及其流动模式:以扬子江城市
群为例[J].长江流域资源与环境,2020,29(11):2374-2383.

[14] 吴晋峰,潘旭莉.京沪入境旅游流网络结构特征分析[J].地理科学,2010,30(3):370-376.

[15] 刘法建,张捷,陈冬冬.中国入境旅游流网络结构特征及动因研究[J].地理学报,2010,65
(8):1013-1024.

[16] 罗君.重庆红色旅游发展策略:以红岩联线为例[J].湖北函授大学学报,2017,30(4):97-98.

[17] 刘军.整体网分析:UCINET软件实用指南[M].3版.上海:上海人民出版社,2019:138-157.

[18] 聚焦重庆市"十三五"规划[J].重庆与世界,2017(4):48-49.

[19] 张亚,毛有粮."城市双修"理念下的重庆市城市风貌总体设计[J].规划师,2017,33(z2):
27-30.

[20] 吴玮,周孟杰."抖音"里的家乡:网红城市青年地方感研究[J].中国青年研究,2019(12):
70-79.

收稿日期:2021年8月15日。

基金项目:国家社会科学基金重大项目(17ZDA062)。

作者简介:吴诗婕(1997—),女,贵州雷山县人,硕士研究生,主要研究方向为可持续城镇化,
E-mail:634899203@qq.com。

＊**通信作者:**申立银(1959—),男,四川苍溪县人,教授,博士生导师,主要研究方向为可持续
城镇化,E-mail:shenliyin@cqu.edu.cn。

城市土地利用方式与空气污染的关系研究

——基于重庆市主城区的实证

周　滔[1,2]，何　舒[1]

（1.重庆大学 管理科学与房地产学院，重庆 400044；

2.重庆大学 建设经济与管理研究中心，重庆 400044）

摘　要：本文基于土地利用方式与空气污染的理论模型，以重庆市的相关数据为基础，采用多元逐步回归法定量分析土地利用方式对空气治理的影响机理。本文研究结果：①土地利用强度对城市空气污染有显著影响，其中路网密度及建筑密度对各污染物浓度水平影响程度最大；②交通的紧凑可以降低 PM2.5 的浓度，但是尾气排放的增加会使得以机动车尾气为主要来源的 $PM10$、CO、NO_2 浓度增加；③在城市层面，土地利用结构与空气污染相关性较低。其中，住宅用地对城市空气污染可能有正向影响。

关键词：城市土地利用；空气质量；GIS；重庆

中图分类号：X51　　　　　　　　文献标识码：A

The Relationship between Urban Land Use and Air Quality

—A Case Study on the Main Urban Area of Chongqing

ZHOU Tao[1,2], HE Shu[1]

（1. School of Management Science and Real Estate, Chongqing University, Chongqing 400044;

2. Center for Construction Economics and Management, Chongqing University, Chongqing 400044）

Abstract：The purpose of this paper is to establish a theoretical model of the relationship

between land use and air quality and quantitatively analyze the impact mechanism of land use on air management based on the related data in main urban area. Multiple stepwise regression is employed. It is concluded that：①Land use intensity has a significant impact on urban air quality，in which road network density and building density have the greatest impact on the concentration level of each pollutant；②Compact transportation can reduce the concentration of PM2.5，but the concentration of PM10，CO and NO_2，which are the main source of motor vehicle exhaust，will increase；③At the urban level，there is a low correlation between land use structure and air quality. Residential land may have a positive impact on urban air quality.

Key words：land use；air quality；GIS；Chongqing

0 引 言

快速的城市化和工业化给中国的城市空气环境带来了严重的影响,根据《2016中国环境状况公报》,中国75.1%的地级城市未达到城市空气质量标准。空气污染不仅会对公众健康造成影响,还会对农业、林业以及生态系统造成破坏,损坏文物古迹、降低能见度,给城市居民的生活带来严重的不利影响。

空气污染可能受到多种因素的影响。Mayer在其研究中提出城市空气污染是自然和人为环境条件之间复杂相互作用的结果。城市空气污染可能直接受到气候变化和气象因素的影响,也会被社会经济因素间接影响,其中城市的规划与建设是不能忽略的重要因素。许多研究发现,城市发展过程中不合理的土地利用方式不仅会造成能耗提高、排放增加,还会影响污染物的稀释、扩散与积累。西方学者在实践中发现了不同城市土地利用方式,如土地利用组合、商业中心的集中、城市密度、交通的发展以及本地化就业和服务等因素与燃料消耗和排放相关的证据,表明了城市土地利用(城市布局、规模、密度和土地利用组合)与空气污染之间存在关联。虽然上述实证研究都集中在发达国家的大都市地区,但发展中国家在转型过程中伴随的快速城市化可能对城市空气环境带来更深远的影响。

在中国,关于城市土地利用与空气污染的关系探讨主要集中在全国尺度或者城市群尺度。李茜等以全国2000年到2010年地级以上城市为研究对象,建立计量回归模型,发现空气污染物浓度与第二产业比例、城市建成区面积显著相关,与人口密度没有明显关系。何剑锋等利用地理信息系统(GIS)工具对长江三角洲城镇矢量数据进行空间分析,发现土地利用类型的变化、土地利用区域结构的调整与区域城市热岛效应、城市大气污染分布等具有空间相关性。目前城市尺度或街区尺度的相关研究相对较少,但是颗粒物、CO、NO_2 等污染物会在很小的空间和时间尺度上出现显著的变化,必须考虑空气污染物在城市尺度或街区尺度的对比,以便更准确地理解土地利用与空气污染的关系。

本文旨在通过文献梳理对重要空气污染物的来源进行分析,探讨城市土地利用对不同污染物来源的影响,建立城市土地利用与空气污染之间的定量关系,并以重庆市为对象在城市尺度进行实证研究,为制定可持续的土地规划和环境发展政策,合理利用城市土地资源以改善城市空气质量提供理论依据。

1 城市土地利用方式与空气污染关系的理论模型构建

1.1 城市空气污染物的来源

大气污染物由自然环境和人为活动产生,人为活动中机动车辆和工业被普遍认为是空气污染的两个主要来源。研究发现大气中的 SO_2 主要来自以煤或石油、天然气为燃料的发电厂,少数来自冶金工业和硫酸制造业。悬浮颗粒物中较大的颗粒主要来自扬尘(土壤尘、道路尘、建筑尘),较小的多是由燃烧和气态微粒(主要由 SO_2)转化而成的;颗粒大小混杂,成分复杂不固定,可能包含重金属污染物和挥发性有机物,对人体健康危害较大。NO_2 的排放量主要是来自机动车辆;CO 和 Pb 最大的污染源是道路车辆。

中国的大气污染来源比其他国家更加复杂,不仅有传统的污染物来源如交通和工业排放以及煤炭燃烧和生物质燃烧,还有烹饪和冬季供暖的排放。此外,其他活动如春节期间燃放烟花和收获季节开放秸秆燃烧也可能加剧某些时期的污染浓度。国内主要大城市的大气污染物调查数据显示,可吸入颗粒物的主要来源为工业排放,二氧化硫(SO_2)的来源主要为工业排放和采暖。氮氧化物排放量的增长主要来自新发电厂的建设和车辆数量的迅速增加,交通是 CO 和 NO_2 的最主要来源。细颗粒物主要由煤烟尘和机动车尾气产生。

1.2 土地利用方式与空气污染关系的理论模型

现有研究关于土地利用方式对城市空气质量的影响主要集中在城市土地利用强度和土地利用组合两方面进行探讨。土地利用强度即城市土地系统内单位面积土地所承载的物质或人口要素。土地利用组合指不同土地利用类型的空间组合，即不同功能的土地混合使用方式，通常为互补的功能混合。土地利用强度和土地利用方式一般从居民出行行为、能源消耗需求、工业排放等方面影响空气污染物来源的数量及分布，从而导致城市空气污染的差异。

研究发现土地利用强度会影响城市能源消耗与气体排放。Kim 等通过建立集成居住密度、车辆使用与燃料消耗的联合模型，认为居住密度上每平方英里减少1 000 人，家庭就会增加 1 200 英里①的车辆出行距离。Newman 等通过城市空间要素与小汽车能耗的关系研究认为，城市密度、土地利用强度是影响城市交通能源消耗的主要因素。他们以全球 63 个大都市区的数据分析，发现人口密度与人均燃料使用之间显著的负相关关系。通过对美国大都市圈的研究发现，住宅密度的增加能显著降低 O_3 和 PM2.5 的浓度。这些研究表明，提高城市密度能够有效缩短出行距离、减少能源消耗。可能是因为低密度城市会导致交通网络和服务相对分散且独立，居民的交通行为也呈分散化趋势，这会降低公共交通的规模效应，间接地导致了私人轿车的使用量增加，从而造成汽油及其他能源的大量消耗和空气污染；而提高人口密度能够支持公共设施和城市公交的发展。

但有研究认为人口密度的增加虽然会降低居民对汽车的依赖性，但同时也使城市人口更为集中，能源消耗需求更大，使得城市空气质量比周边更差。研究发现人口密度与美国大都市地区的 O_3 浓度呈负相关。Cho 和 Choi 发现，高密度的城市布局可能导致 SO_2 和 CO 浓度增加。Clark 等选择美国 111 个城市作为样本，发现PM2.5 污染水平随着人口密度的增加而增加。除此之外，过高的建筑密度不利于大气污染物的扩散，加重本地空气污染。

国内关于土地利用强度与空气污染之间的关系也存在争议。范进以中国 220个地级城市 2007 年的截面数据作为研究样本，发现城市密度与私人交通消耗呈显著负相关。同时，家庭电力能耗与城市密度呈负相关、与人均住房面积呈正相关。这是因为在低密度城市，家庭住房面积更大，对采暖、制冷、照明的要求更高，对能源设备的依赖更强，相应的电力能耗和燃气能耗等家庭能耗会增加。有研究认为高密度城市形态可以减少车辆行驶距离和尾气排放。但有研究通过对中国 157 个

---

① 1 英里≈1 609.3 米。

城市的调查发现人口密度与 PM2.5、PM10 和 O$_3$ 的浓度呈正相关。Yuan 等选择中国 269 个城市作为样本分析探究城市形态对空气污染的影响,认为城市规模越小,提高城市密度对改善空气质量的影响越大,随着城市规模的扩大,这种影响逐渐减弱。这是因为,对于大城市来说,过多的人口密度可能导致道路和其他基础设施的过度集聚,这反过来又可能带来更大的环境压力。对于中小城市而言,低人口密度可能会增加通勤距离,私家车数量以及电网和供暖的能源消耗,从而导致更多的车辆和工业排放。

除了土地利用强度,土地利用组合也会对城市空气污染产生影响。国外学者通过案例研究发现,影响空气质量的污染物具有明显的空间分布特征,污染物的浓度分布,特别是大气颗粒物,与城市土地利用组合密切相关。研究发现,空气污染物浓度因用地性质而异。Heok 等通过采集在欧洲设立的 42 个监测站的 PM2.5 浓度数据发现交通用地比其他城市用地类型的空间变异程度更高。Hart 等使用广义加性模型发现 1 km 内交通用地、商业用地、工业用地的距离是 NO$_2$ 浓度的显著因子。绿地占比高的城市空气质量通常更好,这是因为城市绿地可净化空气并吸收颗粒物质。Lam 等研究发现,城市用地中商业用途与住宅用途混合会导致该城市住宅价格上涨,居民向周边城市迁移,如果新的工作路线更容易拥堵并且容量低于旧路线,则可能会导致车辆排放量增加。

国内学者研究发现污染物浓度较高、空气污染较严重的主要集中在交通用地、工业用地、居住用地、商业用地,空气污染物浓度最低的是绿化用地。一方面因为交通用地、工业用地等的污染源较多,另一方面因为绿地的植物对空气污染物有一定的吸收作用。Huang 以南京为样本对多种大气污染物单独构建模型,发现住宅用地面积是 NO$_2$ 模型的主要影响因素,与 NO$_2$ 浓度呈正相关,住宅用地的面积一定程度上反应了居民生活方式和道路密度的综合情况。另外,城市土地利用结构(包括土地利用组合的紧凑、松散,功能分区的纯净、混杂等)影响每一个城市活动相对其目的地的可达性,影响居民出行的密度及出行距离方式,由此产生交通能耗的不同。例如,零售商业中心过分集中于市中心导致市中心往返各区的交通量增大、能耗增加。

基于上述分析,可以构建出城市土地利用方式与空气污染关系的理论模型,如图 1 所示。

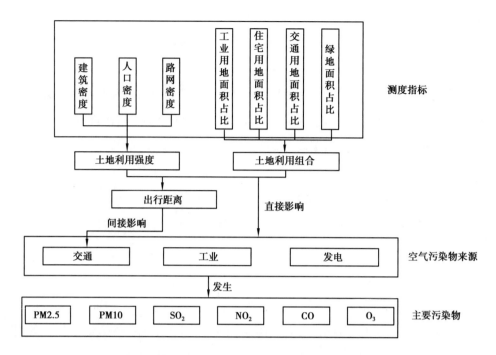

图 1　城市土地利用方式与空气质量关系理论模型

2　数据来源与研究方法

2.1　研究范围

研究选取的范围为重庆市主城区,总面积为 5 472.68 km^2,2017 年总人口为 865.06 万。地处四川盆地东南丘陵山地区,海拔高度为 168~400 m,属亚热带季风性湿润气候,年平均气温 16~18 ℃。重庆市位于四川盆地东部,地处长江与嘉陵江交汇处,三面环山,为典型的山区河谷地形,相对湿度较大,年平均风速小、静风频率高且逆温现象突出,大气污染物较难迅速向外扩散,跨区域传播特性弱,所以重庆市空气污染主要为城市内部的空气污染。重庆市主城区受制于用地条件限制,城市开发强度较高,同时又是一个典型的多中心组团型城市,用地类型多样而混杂。因此,较为适合作为研究对象对其进行城市土地利用方式与空气质量关系的研究。

2.2　数据来源

2.2.1　空气污染物数据

从重庆的 18 个环境空气监测站(图 2)收集空气污染物数据,包括小于 2.5 微米的颗粒物浓度(PM2.5)和小于 10 微米的颗粒物浓度(PM10),二氧化硫(SO_2)、臭氧(O_3)、一氧化碳(CO)、二氧化氮(NO_2)。数据间隔 1 h 更新。在 18 个监测站获得了 2016 年 11 月至 2017 年 10 月份全年的每小时平均空气污染物浓度数据。通过 18 个监测站每月的平均空气污染物浓度观察 6 种空气污染物浓度的季节变化。使用 2017 年 1 月的每小时平均空气污染物浓度数据数据分析空间分布变化并研究土地利用与空气污染的关系。

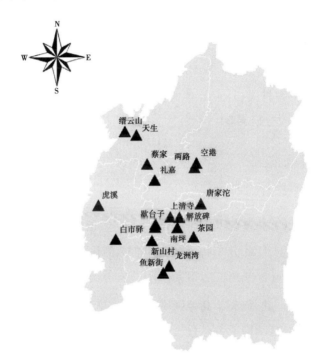

图 2 重庆市主城区空气监测站站点位置

2.2.2 土地利用数据

根据土地利用与空气污染的相关文献,土地利用从土地利用强度和土地利用组合两方面影响空气污染。选取人口密度、建筑密度、路网密度作为土地利用强度变量,8 类土地面积占比(湿地、水体、绿地、居住用地、工业用地、商业用地、交通用地、公共设施用地)作为土地利用组合变量。人口数据来自 2016 年重庆市统计年鉴,建筑密度、路网密度及土地面积占比来自网络抓取的 2016 年土地利用数据,通过 ArcGIS 对获取的数据进行修正与分析。

2.3 研究方法

将重庆市主城区划分为 1.0 km×1.0 km 正方形格网,整个研究区共划分为

4 173个样方,以样方作为统计单元。采用2017年1月重庆市主城区空气质量监测数据平均值,在 ArcGIS 上利用空间插值获得重庆市主城区的主要空气污染物分布图,求取每个样方的污染物浓度平均值。为每一种空气污染物单独构建模型,以土地利用数据为解释变量进行逐步回归分析。

为了以客观和自动的方式筛选出重要变量,使用多元逐步回归建模方法,这种方法结合了后向消除和前向选择,会对多个变量进行回归,同时删除不重要的变量。

回归模型为:

$$Y_i = \beta_0 + \beta_1 X_{1i} + \cdots + \beta_j X_{11i} \qquad (1)$$

其中:i 为空气污染物种类,Y_i 表示 6 种空气污染物(PM2.5、PM10、CO、SO_2、NO_2、O_3)浓度值,β_j 为方程变量系数,$j=1$, 2, $\cdots$, 11;X_i 为土地利用变量。

3　研究结果与讨论

3.1　研究结果

通过对 2017 年 1 月各空气污染物浓度平均值的空间分布(图 3)可以看出,PM2.5、PM10、NO_2 和 CO 的分布特征较为类似,位于市区中心的站点周边浓度较高,从中心向周边浓度逐渐降低。缙云山站点周边的 PM2.5 和 O_3 浓度较高,O_3 浓度达到 52.774 mg/m³,明显高于其他区域,其他污染物浓度(PM10、CO、NO_2、SO_2)均较低。SO_2 浓度较高的站点主要分布在重庆市主城区边界位置,这种现象可能与工厂分布在城市边缘处有关。

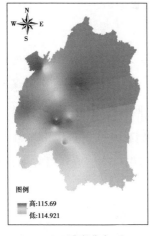  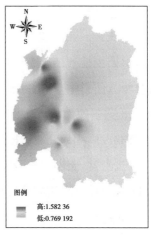

| PM2.5浓度分布 | PM10浓度分布 | CO浓度分布 |

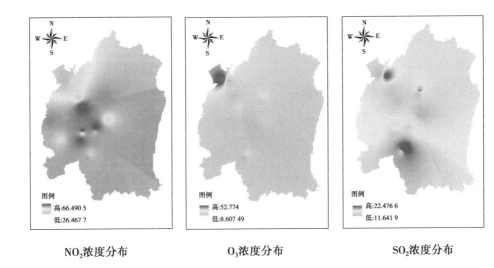

| NO₂浓度分布 | O₃浓度分布 | SO₂浓度分布 |

图 3 2017 年 1 月重庆市主城区各类空气污染物浓度分布图

将相应数据代入模型进行计算,得到如表 1 所示的各空气污染与城市土地利用方式关系的逐步回归结果。

表 1 各空气污染物与城市土地利用方式的逐步回归结果(β 值)

污染物	PM2.5	PM10	CO	NO₂	O₃	SO₂
路网密度	−0.259	0.32	0.5	0.242	−0.276	−0.074
建筑密度	0.46	−0.109	−0.334		0.215	
人口密度	0.074		0.058		−0.11	−0.073
湿地面积占比			0.073			
水体面积占比			−0.07			−0.045
绿地面积占比				0.049		
工业用地面积占比	−0.05		0.064			
交通用地占比			−0.102			
商业用地面积占比	−0.048					
住宅用地面积占比	−0.111		0.086		−0.056	0.081
公共服务用地面积占比	0.048	−0.05	0.042			0.059

表中的结果表明,对各污染物浓度有显著影响的土地利用因子各不相同。PM2.5 回归方程的 R^2 为 0.094($F = 28.979, P < 0.01$),有 7 个因子入选。其中建筑密度、人口密度、公共服务用地面积占比与 PM2.5 浓度平均值呈正相关;路网密度、工业用地面积占比、商业用地面积占比、住宅用地面积占比与 PM2.5 浓度平均值呈负相关。其中影响程度最高的为建筑密度,其次为路网密度和住宅用地面积占比。说明建筑密度越大,PM2.5 浓度值越高,主要是因为重庆 PM2.5 的主要来源为二次粒子与移动源,这二者受气象条件影响较大,且有研究表明风指数是影响 PM2.5 年平均变化的主要因素,使得在建筑密度高的情况下,PM2.5 滞留时间长、不易扩散。路网密度越大,PM2.5 浓度越小,说明良好的道路布局可以形成较好的空气流通通道,降低 PM2.5 浓度。

PM10 回归方程的 R^2 为 0.057($F = 39.249, P < 0.01$),有 3 个因子入选。其中路网密度与 PM10 浓度平均值呈正相关;建筑密度、公共服务用地面积占比与 PM10 浓度平均值呈负相关。PM10 浓度平均值受路网密度影响较大,路网密度越大,PM10 浓度值越高。这与 PM10 的来源主要为机动车尾气有关。路网密度的增加导致交通发生量大,尾气排放增加。

CO 回归方程的 R^2 为 0.162($F = 42, P < 0.01$),有 9 个因子入选。其中路网密度、人口密度、湿地面积占比、工业用地面积占比、住宅用地面积占比、公共服务用地面积占比与 CO 浓度平均值呈正相关;建筑密度、水体面积占比、交通用地面积占比与 CO 浓度平均值呈负相关。路网密度、建筑密度及交通用地占比对 CO 浓度平均值的影响较为显著。CO 的主要来源为机动车尾气,路网密度及交通用地面积的增加会导致尾气排放增加,提高 CO 浓度。建筑密度较高意味着城市更为紧凑,公共交通的分担率更高,相应的尾气排放较少。

NO₂ 回归方程的 R^2 为 0.071($F = 75.105, P < 0.01$),有 2 个因子入选,分别为路网密度与绿地面积占比,均与 NO₂ 浓度平均值呈正相关,其中路网密度影响程度较高,说明路网密度越大,NO₂ 浓度平均值越高。该现象与 NO₂ 的主要来源为交通有关。

O₃ 回归方程的 R^2 为 0.067($F = 35.351, P < 0.01$),有 4 个因子入选。其中建筑密度与 O₃ 浓度平均值呈正相关;路网密度、人口密度、住宅用地面积占比与 O₃ 浓度平均值呈负相关。O₃ 浓度平均值受路网密度、建筑密度及人口密度的影响程度较高。

O_3浓度与路网密度、建筑密度的相关关系和NO_2、CO与这三种土地利用变量的相关关系相反,这是由于NO_2、CO是O_3的前体物,O_3与二者存在负相关关系。

SO_2回归方程的R^2为0.018($F = 7.062$,$P < 0.01$),有5个因子入选。其中住宅用地面积占比、公共服务用地面积占比与SO_2浓度平均值呈正相关;路网密度、人口密度、水体面积占比与SO_2浓度平均值呈负相关,但5个因子对SO_2浓度平均值的影响程度均不高。

3.2 对结果的讨论

从上述结果可以看出,一方面,城市内部的空气污染主要来自交通带来的机动车尾气排放,因此,路网密度因素与空气污染呈现较强的相关性,这一结果与 Yuan Mao 及 Bradley Bereitschaft 的研究相似,道路密度的增加能改善街道的可达性,这可能会导致更多的汽车行驶。但由于空气污染与道路密度之间没有倒 U 形关系,增加道路密度可能导致更多的交通和空气污染。由于建筑布局集中,一方面不利于空气污染物扩散,另一方面提高了公共交通分担率,紧凑的城市布局会间接影响交通排放,因此建筑密度也与空气质量呈现较强的相关性。

对于土地利用的结构而言,大部分都不相关,或者相关性较低,主要是由于城市内部土地功能分区混杂程度较高,各单独分区易受周边环境影响。另外,宏观层面,土地利用混合程度会影响空气污染源分布及居民出行行为,但在微观层面,由于出行距离相对较短,且公共交通提高了空间可达性,某个局部区域的土地利用结构对空气质量的影响不显著。在不考虑区域大气流动的情况下,城市层面土地利用结构与空气污染的相关性在理论上是成立的,但是城市内部气流、风速等气象条件复杂,使得不同土地功能分区内大气环境相互影响,后续应在大尺度范围内进行深入研究。

对空气污染可能存在正向影响的用地中,交通用地会带来更多的污染源,公共服务用地导致人口与车辆的集聚;对空气污染可能存在负面影响的用地中,住宅用地往往具备较多的绿化,对空气污染具有改善作用,另外,住宅用地中住宅小区的布局更有利于污染物的扩散。

工业用地占比与大多数污染物浓度无显著相关性表明良好的环境治理措施能有效缓解工业对城市环境的影响。

4 结论与建议

了解土地利用方式与空气污染之间的关系对于土地利用规划和城市可持续建设具有重要意义。本文基于现有研究建立二者关系的理论模型,该模型分析了土地利用强度及土地利用组合对6种主要污染物的影响机制:①出行距离、能源消耗等直接对机动车尾气排放、发电厂排放、工业排放等污染物来源造成影响;②土地利用强度的差异会对居民出行距离、居民能源消耗需求造成影响;③土地利用组合会影响居民出行行为以及工厂等污染源的分布。基于理论模型的实证结果表明:①路网密度及建筑密度对各污染物浓度水平影响程度最大;②交通的紧凑可以降低 PM2.5 的浓度,但是尾气排放增加会使得以机动车尾气为主要来源的 PM10、CO、NO_2浓度增加;③在城市层面,土地利用结构与空气污染相关性较低。交通用地和公共服务用地可能给空气质量带来负向影响,住宅用地可能给空气质量带来正向影响。

这些结果说明目前在城市层面,优化公共交通的配置,合理减少私人交通仍是改善城市空气质量最为有效的治理措施。另外,土地利用结构虽然对不同污染物的作用效果不显著,但土地利用结构的间接效应是形成城市内部的职住格局,进而影响人口的通勤以及相应的交通流量,其会间接影响空气质量。因此,优化城市空间布局,积极促进职住平衡,也是促进城市空气质量改善的有效举措。而研究也表明,工业用地与城市空气质量的关系不显著,可以看出现有的对工业企业的环保监察治理措施已经显现出明显的效果,城市空气污染的主要来源已经由过去的由产业外生造成变为由城市运行内生造成,因此,城市大气污染治理的重点需重点关注城市运行过程中所形成的污染源。

参考文献

[1] MARQUEZ L O, SMITH N C J. A framework for linking urban form and air quality[J]. Environmental Modelling & Software, 1999, 14(6): 541-548.

[2] MAYER H. Air pollution in cities[J]. Atmospheric Environment, 1999, 33(24-25): 4029-4037.

[3] LU C, LIU Y. Effects of China's urban form on urban air quality[J]. Urban Studies, 2015, 53

（12）：2607-2623.

［4］HAN L, ZHOU W, LI W. City as a major source area of fine particulate（PM2.5）in China［J］. Environmental Pollution, 2015, 206：183-187.

［5］Jr B S. Urban sprawl and air quality in large US cities［J］. Journal of Environmental Management, 2008, 86(4)：688-698.

［6］李茜,宋金平,张建辉,等.中国城市化对环境空气质量影响的演化规律研究［J］.环境科学学报,2013,33(9):2402-2411.

［7］何剑锋,庄大方.长江三角洲地区城镇时空动态格局及其环境效应［J］.地理研究,2006,25(3):388-396.

［8］CHAO L, WANG Z, BAI L, et al. Investigating the relationship between air pollution variation and urban form［J］. Building and Environment, 2018: S0360132318303810.

［9］贺克斌,余学春,陆永祺,等.城市大气污染物来源特征［J］.城市环境与城市生态,2003(6):269-271.

［10］WANG S, HAO J. Air quality management in China：Issues, challenges, and options［J］. J Environ Sci, 2012, 24(1)：2-13.

［11］汤惠君.广州市大气污染分布规律［J］.地理研究,2004,23(4):495-503.

［12］杨春雪,阚海东,陈仁杰.我国大气细颗粒物水平、成分、来源及污染特征［J］. 环境与健康杂志,2011,28(8):735-738.

［13］李莉,陈长虹,黄成,等.长江三角洲地区大气 O_3 和 PM10 的区域污染特征模拟［J］.环境科学,2008,29(1):237-245.

［14］YANG H, CHEN W, LIANG Z. Impact of Land Use on PM2.5 Pollution in a Representative City of Middle China［J］. International Journal of Environmental Research and Public Health, 2017, 14(5)：462.

［15］YAN S, MERLIN L, RODRIGUEZ D. Comparing Measures of Urban Land Use Mix［J］. Computers Environment and Urban Systems, 2013, 42(7)：1-13.

［16］KIM J, BROWNSTONE D. The Impact of Residential Density on Vehicle Usage and Fuel Consumption：Evidence from National Samples［J］. Journal of Urban Economics, 2009, 65(1)：91-98.

［17］NEWMAN P W G, KENWORTHY J R. The Transport Energy Trade-off：Fuel-efficient Traffic Versus Fuel-Efficient Cities［J］. Transportation Research Part A General, 1988, 22 (3)：

163-174.

[18] NEWMAN P W G, KENWORTHY J R. Gasoline Consumption and Cities[J]. Journal of the American Planning Association, 1989, 55(1): 24-37.

[19] BEREITSCHAFT B, DEBBAGE K. Urban Form, Air Pollution, and CO_2 Emissions in Large U. S. Metropolitan Areas[J]. Professional Geographer, 2013, 65(4): 612-635.

[20] SCHWEITZER L, ZHOU J. Neighborhood Air Quality, Respiratory Health, and Vulnerable Populations in Compact and Sprawled Regions [J]. Journal of the American Planning Association, 2010, 76(3): 363-371.

[21] SILVA M, OLIVEIRA V, LEAL V. Urban Morphology and energy: progress and prospects[M]. 2016, 20(1): 72.

[22] EWING R, PENDALL R, CHEN D. Measuring Sprawl and Its Transportation Impacts[J]. Transportation Research Record Journal of the Transportation Research Board, 2007, 1831(1): 175-183.

[23] CHO H S, CHOI M J. Effects of Compact Urban Development on Air Pollution: Empirical Evidence from Korea[J]. Sustainability, 2014, 6(9): 5968-5982.

[24] CLARK L P, MILLET D B, MARSHALL J D. Air quality and urban form in U.S. urban areas: evidence from regulatory monitors[J]. Environmental Science & Technology, 2011, 45(16): 7028-7035.

[25] BUCCOLIERI R, SANDBERG M, SABATINO S D. City breathability and its link to pollutant concentration distribution within urban-like geometries[J]. Atmospheric Environment, 2010, 44(15): 1894-1903.

[26] 范进.城市密度对城市能源消耗影响的实证研究[J].中国经济问题,2011(6):16-22.

[27] HAN S S, QIN B. Planning parameters and household carbon emission: Evidence from high-and low-carbon neighborhoods in Beijing[J]. Habitat International, 2013, 37(1): 52-60.

[28] YUAN M, SONG Y, HUANG Y, et al. Exploring the Association between Urban Form and Air Quality in China[J]. Journal of Planning Education and Research, 2017, 38: 0739456X1771151.

[29] HUANG Y, SHEN H. Effects of urban form on haze pollution in China: Spatial regression analysis based on PM 2.5 remote sensing data[J]. Applied Geography, 2018(98): 215-223.

[30] MARTUZEVICIUS D, GRINSHPUN S, REPONEN T, et al. Spatial and temporal variations of PM2.5 concentration and composition throughout an urban area with high freeway density—The

Greater Cincinnati study[J]. Atmospheric Environment, 2004, 38(8): 1091-1105.

[31] HOEK G, MELIEFSTE K, CYRYS J, et al. Spatial variability of fine particle concentrations in three European areas[J]. Atmospheric Environment, 2002, 36(25): 4077-4088.

[32] HART J, YANOSKY J, PUETT R, et al. Spatial Modeling of PM10 and NO_2 in the Continental United States, 1985-2000[J]. Environmental Health Perspectives, 2009, 117(11): 1690-1696.

[33] GROENEWEGEN P P, VRIES S D. Is a Green Residential Environment Better for Health? If So, Why? [J]. Annals of the Association of American Geographers, 2012, 102(5): 996-1003.

[34] LAM T, NIEMEIER D. An exploratory study of the impact of common land-use policies on air quality[J]. Transportation Research Part D, 2005, 10(5): 365-383.

[35] 唐昀凯,刘胜华.城市土地利用类型与PM2.5浓度相关性研究:以武汉市为例[J].长江流域资源与环境,2015,24(9):1458-1463.

[36] 李泳.城市交通系统与土地利用结构关系研究[J].热带地理,1998,18(4):307-310.

[37] HUANG L, ZHANG C, BI J. Development of land use regression models for PM2.5, SO_2, NO_2 and O_3 in Nanjing, China[J]. Environmental Research, 2017, 158: 542-552.

[38] 施媛媛,李仁东,邱娟,等.基于LUR的二氧化氮浓度空间分布模拟及其下垫面影响因素分析[J].地球信息科学学报,2017,19(1):10-19.

[39] 任丽红,周志恩,赵雪艳,等.重庆主城区大气PM10及PM2.5来源解析[J].环境科学研究,2014,27(12):1387-1394.

收稿日期:2020年10月27日。

基金项目:国家自然科学基金项目(41771534),重庆市社会科学规划重大项目(2017ZD07)。

作者简介:周滔(1978—   ),男,河南南阳人,教授,中国人民大学博士,主要研究方向为城市土地利用与管理。E-mail:taozhou@ cqu.edu.cn。

认知视角下建筑工人不安全行为文献计量研究

叶　贵[1]，李学征[1]，向卿婷[1]，张　悦[1]

（1.重庆大学 管理科学与房地产学院，重庆 400044）

摘　要：为弥补认知视角下建筑工人不安全行为研究全貌不清，系统揭示研究演进过程是从认知角度探明建筑工人不安全行为形成机理的重要环节。本文基于 CNKI 数据库，获得 40 篇认知视角下建筑工人不安全行为研究文章，并运用 CiteSpace 及 VOSviewer 绘制了科学知识图谱，分析了发文趋势、文献来源、作者合作网络与主题演进。结果表明：认知视角下的建筑工人不安全行为研究得到了学者们的关注，目前处于理论与实践的探索阶段；学者倾向于从认知角度运用建模技术研究不安全行为的产生及认知因素之间的关系；不安全行为的认知机理、危险认知、安全认知是当前三个主要的研究热点。研究前沿：未来认知神经科学可能会成为认知视角下建筑工人不安全行为研究新的发展方向。

关键词：建筑安全；建筑工人；不安全行为；认知；知识图谱

中图分类号：X947　　　　　　**文献标识码**：A

Bibliometric Study on Unsafe Behavior of Construction Workers from the Perspective of Cognition

YE Gui, LI Xuezheng, XIANG Qingting, ZHANG Yue

（School of Management Science and Real Estate Chongqing University, Chongqing 400044, China）

Abstract：To make a holistic description of the research status and trends of construction workers' unsafe behaviors from a cognitive perspective, based on the CNKI database, 40 published papers on construction workers' unsafe behaviors from a cognitive perspective were collected. Using CiteSpace and VOSviewer, a mapping knowledge domain of construction workers' unsafe behavior research from the cognitive perspective and domestic cognitive behavior research was drawn. We analyzed the time distribution of articles, the source of the literature, the research power and cooperation, and the evolution process. The results show that the research on unsafe behavior of construction workers from the perspective of cognition has attracted scholars' attention, and is currently in the stage of exploration of theory and practice. Scholars tend to use modeling techniques from a cognitive perspective to study the generation and influencing factors of unsafe behavior the relationship between them. Cognitive mechanism of unsafe behavior, danger cognition and safety cognition are the three main research hotspots at present. In the future, cognitive neuroscience may become an effective breakthrough point for the study of unsafe behavior of construction workers from a cognitive perspective.

Key words：construction safety; construction worker; unsafe behavior; cognition; knowledge mapping

1 引 言

住房和城乡建设部统计数据表明,2018 年全国发生房屋市政工程生产安全事故 734 起,同比增长 6.1%,死亡人数 840 人,同比增长 4.1%。此外,2015—2018 年的生产安全事故、死亡人数已连续 4 年呈增长态势。可见建筑安全问题突出,总体安全形势依旧严峻。研究表明 80% 以上的施工安全事故是由建筑工人不安全行为(Construction Workers' Unsafe Behavior, CWUB)引起的,因此对 CWUB 的形成机理进行深入研究以降低施工安全事故具有重要的实际意义。

现有研究普遍认同建筑工人认知失效是 CWUB 产生的主要原因,因此认知角度是探明不安全行为形成机理的重要途径。为深入分析认知视角下的 CWUB 研究现状,有必要系统展示现有研究成果,厘清发展脉络和研究主题演变。何长全等对建筑工人安全行为研究进行了系统分析,但在表现研究发展脉络和领域全貌可视化上有所欠缺。而采用文献计量分析方法对已取得的研究成果进行可视化分析,有利于指明研究现状和发现研究趋势。已有研究利用科学知识图谱对行为视角下的建筑安全研究成果进行了可视化分析,但未见有研究全面分析认知视角下 CWUB 的研究现状及其发展趋势,这不利于探明 CWUB 的形成机理。

鉴于此,基于科学知识图谱对认知视角下的 CWUB 研究进行可视化分析,对发文趋势、文献来源、作者合作、关键词聚类及研究主题演变进行分析,探寻当前研究热点与不足,以期为未来深入研究提供参考和给研究人员提供最新的学术情报。

2　研究方法与数据来源

2.1　研究方法

采用科学知识图谱对文献进行可视化分析。分析工具采用美国德雷塞尔大学陈超美教授开发的 CiteSpace 5.5.R2(64bit)及荷兰莱顿大学 Nees Jan van Eck 等开发的 VOSviewer1.6.10。由于 CiteSpace 在主题的时间演进方面具有优势,VOSviewer 在关键词聚类方面表现更好,且二者在信息可视化研究中可以相互参验。因此综合采用二者在文献计量可视化分析中的不同优势,以科学有效地展现认知视角下 CWUB 研究的全貌。

2.2　数据收集与处理

2.2.1　文献检索条件设置

陈超美等指出使用 CiteSpace 分析通过针对性的主题检索获取的数据的效果更好。因此基于中国学术期刊网络出版总库(CNKI),采用高级检索模式中提供的主题检索获取国内 CWUB 研究及认知视角下 CWUB 研究的文献。文献类型限定为期刊文章与硕博士论文,其余为默认设置。检索时间截至 2019 年 12 月 31 日。为了保证认知视角下 CWUB 研究文献的完整性与据此绘制的知识图谱的可靠性,对其进行了三轮文献补充。文献检索过程如表 1 所示。

表 1　文献检索过程

内容	文献检索过程	检索(补充)篇数/篇
CWUB 研究（仅作发文量的对比分析）	初次检索主题:SU＝建筑工人不安全行为	82
	第一轮文献补充:同义检索	
	检索主题依次为:①SU＝建筑工人违章行为;②SU＝建筑工人冒险行为;③SU＝建筑工人失误行为;④SU＝建筑工人消极行为;⑤SU＝建筑工人反生产行为	6
	第二轮文献补充:扩大范围检索	
	检索主题:SU＝建筑工人行为	13
	总计	101

续表

内容	文献检索过程	检索(补充)篇数/篇
认知视角下CWUB研究	初次检索主题:SU=建筑工人不安全行为 AND SU=认知	18
	第一轮文献补充:同义检索 检索主题:"SU=建筑工人违章行为 OR 建筑工人冒险行为 OR 建筑工人失误行为 OR 建筑工人消极行为 OR 建筑工人反生产行为" AND SU=认知	2
	第二轮文献补充:扩大范围检索 检索主题:SU=建筑工人行为 AND SU=认知;SU=建筑工人 AND SU=认知;	13
	第三轮文献补充:文献追踪,并进行迭代检索 被引文献筛选	7
	总计	40

2.2.2 文献检索方法及文献补充依据说明

(1)CWUB研究文献检索过程

①根据前期试检索,与CWUB含义相近的主题词包括建筑工人违章行为、建筑工人冒险行为、建筑工人失误行为、建筑工人消极行为、建筑工人反生产行为,以此为主题依次进行第一轮文献补充,获得文献6篇。

②扩大检索范围进行第二轮检索。对获取文献中的建筑工人自杀行为、流动行为、不安全性行为及职业卫生行为相关研究予以排除,获得文献13篇。

(2)认知视角下CWUB研究文献检索过程

①初次检索剔除一篇矿工不安全行为研究,获得18篇相关文献。

②第二轮文献补充中对建筑工人艾滋病认知、流感流行认知、自杀行为认知、皮肤老化行为认知、职业卫生知识认知予以排除。逐一进行审查发现部分文献虽提及认知相关概念,但并非从认知视角及应用认知科学的相关理论研究不安全行为,予以剔除。将建筑工人危险认知行为、施工人员安全态度研究、建筑企业农民工安全教育培训研究等予以补充,获得补充文献13篇。

③第三轮文献补充采用文献追踪法,以前三次获取文献为基础,通过检索其引

用文献的方式补充文献,然后根据新补充文献的引用文献再次迭代,直至没有契合的文章出现,筛选标准与上述标准一致,并通过逐一阅读文章摘要进行确认,获得补充文献 7 篇。

2.2.3　数据存储

(1)CWUB 研究文献存储

通过初步检索及两轮文献补充获得相关文献 101 篇,文章发表时间跨度为2007 年至 2020 年。导入 Endnote 中命名为 Group1。

(2)认知视角下 CWUB 研究文献存储

通过初步检索及三轮文献补充获得相关文献 40 篇,文章发表时间跨度为 2011年至 2019 年。首先以 Refworks 格式导出,文件命名为 download_1−40,以符合CiteSpace 对数据的要求。每条题录内容均包括:RT 文献类型、A1 作者、AD 作者单位、T1 标题、JF 期刊名称、YF 发表年份、K1 关键词、AB 摘要等信息要素。其次导入 Endnote 中命名为 Group2,作为 VOSviewer 的分析材料。此外将 Group1 与Group2 进行合并,剔除重复文章后共计 113 篇,命名为 Group3,目的是便于统计国内 CWUB 研究的年发文量。

2.2.4　数据格式转换

使用 CiteSpace 5.5.R2(64 bit)自带的数据转换插件将 Refworks 文件转换成可供分析的数据格式。Group2 及 Group3 以 RIS 输出为纯文本格式,以满足VOSviewer 1.6.10 要求的数据分析格式。

3　文献计量分析

3.1　文献产出趋势分析

论文产出是衡量一个领域发展状况的重要指标和成熟度的标志。统计出 2007年至 2019 年国内 CWUB 研究及认知视角下 CWUB 研究每年文献发表数量,使用Excel 做出二者发文量的趋势图,如图 1 所示。从图 1 中可以看出二者发文量均呈现波动上升趋势。国内对 CWUB 的大规模研究基本是从 2012 年开始的,2012 年之前的研究较为零散。2015 年 CWUB 研究呈现跳跃式增长,在 2016 年有所回落。2014 年认知视角下 CWUB 呈现跳跃式增长。

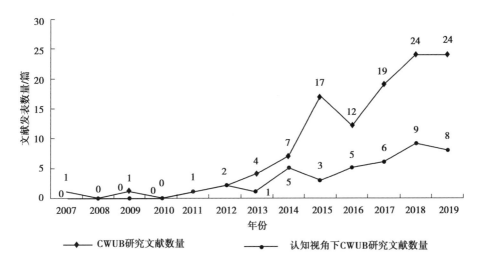

图 1 2007 年至 2019 年国内 CWUB 研究及认知视角下 CWUB 研究发文量年度分布

认知视角下 CWUB 研究中被引用次数前三的文献依次是《建筑工人不安全行为产生的认知原因和管理措施》(引用次数:117,下载量:3 065)、《建筑工人不安全行为产生的认知机理及应用》(引用次数:58,下载量:2 271)、《建筑工人不安全行为发生机理研究》(引用次数:32,下载量:937),这成为未来认知视角下 CWUB 研究的坚实基础。

从文献数量上看认知视角下的 CWUB 研究占国内 CWUB 研究的 32.67%,表明对 CWUB 的认知研究是当前研究的主流趋势之一。使用 SPSS 23.0 对二者年发文量相关性进行显著性检验,结果表明二者显著相关,说明文献检索策略是合理的。

3.2 文献来源分析

认知视角下 CWUB 研究成果主要以学位论文(25 篇,占发文量的 62.50%)和期刊论文(15 篇,占发文量的 37.50%)为载体。统计了文献资料的期刊分布,其中《中国安全生产科学技术》《土木工程管理学报》与《中国安全科学学报》是主要的载文期刊,这三本期刊发表的文献数量占总体文献数量的 27.50%,说明这些期刊是建筑安全领域内行为认知研究的重要期刊。其余期刊及载文数量见表 2。从载文期刊的学科分布可以看出认知视角下 CWUB 研究具有鲜明的学科特色,是安全科学与管理学的交叉领域,但是未见顶级管理类期刊,说明现有研究尽管属于建筑安全管理,但是研究深度不够。值得注意的是,认知作为心理学的范畴,但并未见到心理学、医学类期刊,说明目前从认知视角研究 CWUB 还停留在安全行为管理的宏观范畴,并未深入研究不安全行为产生的心理机制与神经机制。

表2   文献分布表($N=40$)

序号	期刊名称	载文数量
1	中国安全生产科学技术	4
2	土木工程与管理学报	4
3	中国安全科学学报	3
4	工程管理学报	1
5	工程经济	1
6	工业工程与管理	1
7	土木工程学报	1
8	学位论文	25

造成上述问题的原因可能在于:①对 CWUB 的认知研究还在不断发展,目前尚处在探索阶段,因此一些领域尚未涉及;②研究对象为建筑工人,通过实验开展研究比较困难,因此目前认知视角下的 CWUB 研究仍然在施工安全管理研究的范围内,缺乏精细的实验研究。

因此未来需要不同领域的学者之间的合作以推动研究的进步和研究领域的拓展,此外注重多学科交叉从不同的角度研究不安全行为的认知机理,为揭示不安全行为机理的本质提供充分的证据支持。

3.3   作者合作网络及研究力量分析

研究者群体的数量及其之间合作的密切程度可以衡量研究主题的发展现状。共有 50 位作者以 25 个聚类形成了如图 2 所示的作者共现网络,共产生 53 条连接线(Link:53),总连接强度为 72(Total link strength:72)。每个聚类(Item≥2)包含的作者如表 3 所示。网络分析图中 Weights 设置为 Documents,即在 VOSviewer 中的共现网络中节点的大小表示该作者发表的发文数量,连线表示作者之间有合作关系。

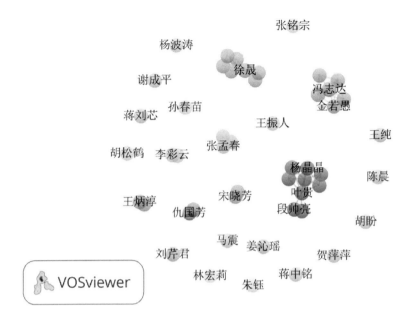

图 2　认知视角下建筑工人不安全行为研究作者共现分析

表 3　作者合作网络分析表（Item≥2）

聚类	作者	院校
#1	方东平、佟瑞鹏、张孟春	清华大学 中国矿业大学
#2	叶贵、汪红霞、冯新怡、向卿婷、李静、杨晶晶、段帅亮、王玉合、越宏哲	重庆大学 西南政法大学
#3	韩豫、金若愚、冯志达、尹贞贞、张泾杰、冯志达	江苏大学 布莱顿大学
#4	骆汉宾、徐晟、王斯琦、马灵、魏伟青	华中科技大学
#5	张梦鸽、徐晟、来延肖	长安大学
#6	宋晓芳、李东阳	西安建筑科技大学
#7	李彩云、王世明	辽宁工程技术大学
#8	陈伟珂、王炳淳	天津理工大学
#9	仇国芳、鱼罄水	西安建筑科技大学

　　从数量看，国内有 50 位学者参与不安全行为的认知研究，对解决这一问题做出了巨大的努力。从学者之间的合作来看，形成了 4 个（#1、#2、#3、#4）较为明显学

术研究团体,但是研究者之间的合作总体较为分散,呈现散点分布。从表3中可知国际合作(#3)与校际合作(#1、#2)较少,未见校企合作。研究以校内合作为主,未形成紧密的合作网络。

造成上述问题的原因可能是CWUB种类繁多、形成机制复杂,不同学者尝试从不同角度揭示行为形成的认知机制,但彼此之间缺乏学术交流。李红霞等对煤矿安全管理进行可视化分析时也发现作者间缺乏合作及相互引用的情况,由此看来加强作者之间的合作与交流是未来促进研究进一步发展的重要举措。

使用CiteSpace绘制了认知视角下作者与研究机构的混合网络图如图3所示。图3显示的4个主要研究机构分别是清华大学(张孟春等)、江苏大学(韩豫等)、重庆大学(叶贵等)、长安大学(张梦鸽等),各自形成了如表3所示的具有一定规模的学术研究团体,可知认知视角下CWUB研究力量主要是高校。此外,还可看出上述四所高校之间并无合作关系产生,与图2所示内容一致,也证明了共同使用Citespace和VOSviewer进行可视化分析是可行的。

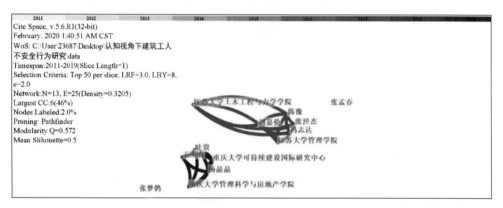

图3 作者-研究机构混合网络图

3.4 关键词聚类分析

关键词高度概括了一项研究的主要内容,如研究对象、方法、视角等,对关键词进行分析能够从总体上把握认知视角下CWUB的研究热点与趋势。从VOSviewer中统计了2011年至2019年认知视角下CWUB研究文献中的关键词,按降序排列,如表4所示。从高频关键词中可以看出现有研究主要采用计划行为理论、系统动力学的研究方法,以认知心理学为理论基础,研究认知、危险认知、认知偏差、安全心理、态度、意识、风险感知、安全认知等内容。其他关键词出现的频率较为均衡且较少,说明目前研究方向较多且未形成集中趋势,尚在实践和理论探索阶段。

表 4 2011 年至 2019 年认知视角下 CWUB 研究关键词词频表

排名	关键词	频次/次	排名	关键词	频次/次	排名	关键词	频次/次
1	建筑工人	24	7	施工安全管理	4	13	认知心理学	2
2	不安全行为	15	8	计划行为理论	4	14	安全态度	2
3	安全行为	8	9	危险认知	3	15	安全意识	2
4	安全管理	7	10	行为安全	3	16	风险感知	2
5	认知	7	11	认知偏差	3	17	安全认知	2
6	施工安全	5	12	安全心理	2	18	系统动力学	2

对关键词进行了数据清洗,去掉了对应的英文关键词以避免重复表达,使用 VOSviewer 绘制了关键词共现网络图,选择软件提供的网络视图模式(Network Visualization),如图 4 所示。参数设置为:① Counting method:full counting; ②minimum number occurrence of a keyword＝1;③weights:occurrences。图 4 中节点大小表示关键词出现的频率,节点之间的连线表示关键词存在共现关系。输出结果为:101 个关键词中共有 96 个关键词符合要求(最大子网络),分为 19 类,产生 280 条连线。图中颜色相同的节点表示节点之间密切相关,属同一聚类,每一类包含的关键词如表 5 所示。词频和连接强度可以表示认知视角下 CWUB 研究的热点。

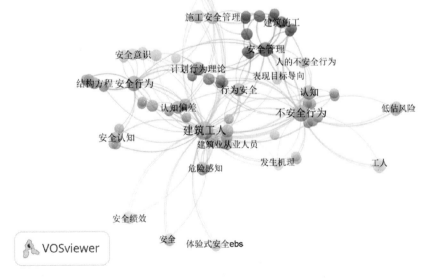

图 4 认知视角下建筑工人不安全行为研究关键词共现分析

表5 关键词聚类及对应词条

类别	关键词
#1	主体建模、信息技术、多元回归分析、安全学习、安全管理、建筑施工、现场工人、矛盾安全态度、矛盾态度、系统动力学、行为、认知心理学
#2	危险感知、危险认知、实验研究、对比分析法、差异分析、差异性、建筑业从业人员、施工安全、行为安全
#3	sem模型、不安全行为、不完全信息、口头沟通、地铁施工、安全培训、有限理性、结构方程模型、认知
#4	个体特征差异、决策偏差、前景理论、动机冲突、扎根理论、施工安全管理、潜在类别管理、类群管理
#5	安全心理、安全领导力、工友安全知识与行为、心理测量范式、认知偏差、风险倾向、风险感知
#6	发展模型、安全意识、安全教育培训、工友安全态度、影响因素、装配式建筑预制场、解释结构模型
#7	中介作用、安全能力、安全行为、班组安全氛围、社会资本、结构方程
#8	安全压力、安全态度、心理韧性、施工人员、计划行为理论
#9	中小型城市、安全认知、建筑工人、策略、粗糙集
#10	低估风险、外部性、工作年限、脚手架工人
#11	工人、建筑业、治理、行为机理
#12	安全绩效、实验、疲劳
#13	体验式安全ebs、安全行为指数si、行为安全bbs
#14	安全、态度、问卷
#15	发生机理、结构方程模型(sem)
#16	人的不安全行为、行为主义理论
#17	工程心理学、形成机制
#18	学习目标导向、表现目标导向
#19	风险容忍度

从关键词共现网络中看,建筑工人(Total link strength:86;Occurrence:24)、不安全行为(Total link strength:54;Occurrence:15)、安全行为(Total link strength:27;

Occurrence:8)、认知(Total link strength:25;Occurrence:7)、安全管理(Total link strength:27;Occurrence:7)是核心节点,说明选取文献是围绕建筑工人不安全行为展开的。此外认知偏差、危险认知、计划行为理论和结构方程模型等关键词出现频率较高,说明学者倾向于从认知角度运用建模技术研究不安全行为的产生及认知因素之间的关系,与通过分析高频关键词得出的结论一致。

在 19 个聚类中,#1 包含 12 个节点,是节点最多的一类,其次是#2(9 个节点)、#3(9 个节点)、#4(8 个节点)、#5 和#6(7 个节点),其余各类节点均少于 7 个,最少的#19 仅包含风险容忍度这一个节点,也能说明当前不安全行为认知研究的方向较多。从图 4 中节点颜色可以看出各个聚类的界限较为清晰,且可看出各个研究方向之间均存在联系,这为后续相关研究提供了研究基础。

从关键词共现及聚类分析可知,目前建筑安全领域内认知视角下针对 CWUB 的研究主要采用系统动力学建模(#1)、结构方程模型(#3、#7、#15)、解释结构模型(#6)、问卷调查(#14)等研究方法,以计划行为理论(#8、#16)、工程心理学(#17)、认知心理学(#1)为理论基础,针对建筑工人认知形成机理(#4)、危险感知(#2、#5、#9、#10、#19)、认知偏差(#5)、态度(#1、#8)、安全意识(#6)、疲劳(#12)、目标(#18)等影响因素进行理论分析或实证研究,主要集中于认知视角下的 CWUB 形成机理(#1、#15)以及认知因素(#5)对行为的影响这两个方面及对应的措施建议(#6、#13)。

由此可知,认知视角是揭示 CWUB 形成机理的有效途径,但是现有研究多是通过理论推理以推测行为的认知过程并进行实证,如研究危险感知、注意等认知层面的概念对不安全行为影响的相关性及显著性,但是缺乏运用实验、认知神经科学、认知神经心理学、计算机模拟等多方面证据共同支持的研究,以揭示认知行为的本质过程。总体来看,从认知视角进行 CWUB 研究仍有很大的空间,比如从神经角度揭示行为形成的认知机理,可以有效弥补现有研究的不足。

3.5 主题演进分析

使用 CiteSpace 对认知视角下 CWUB 研究进行主题演化分析,绘制了主题演进的时区图(Time Zone),同时也进行了聚类操作,使用 LLR 算法,聚类后选择从关键词中提取聚类命名术语,如图 5 所示。参数设置如下:时间切片为 1 年,Pruning 选择寻径算法 Pathfinder 和 Pruning sliced networks 进行网络路径的修剪以凸显其空间结构特征,其余为默认设置。共生成 11 个节点和 8 条连线,节点的频次均≥2,网络密度为 0.145 5。聚类模块性指数 Q 值：Modularity $Q=0.60\ 2$，一般当 Q 值大于 0.5 时可认为划分的网络结构是合理的。聚类轮廓性指数 S 值：Mean Silhouette = 0.599 9，说明聚类信度是可接受的。图 5 顶部颜色条代表节点之间连线的时间，下方时间标签为研究前沿主题对应的年份。

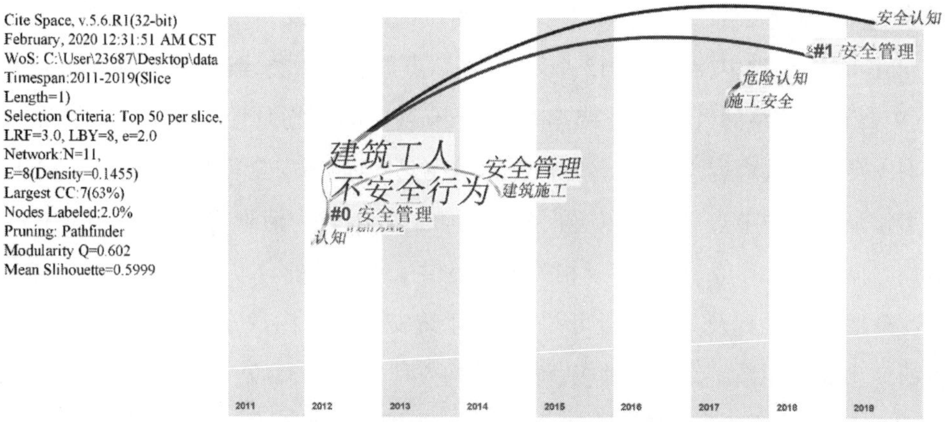

图 5　认知视角下 CWUB 研究前沿时区视图

从图 5 中可知认知视角下 CWUB 研究始于 2011 年，属于安全管理的范畴。当前存在三类研究方向：①行为认知机理；②危险认知；③安全认知，与图 4 关键词聚类结果一致。行为认知机理研究方向主要从认知角度解释不安全行为的形成机理，并通过实例进行验证。危险认知主要研究建筑工人对危险源、危险行为的感知以及对劳动防护用品的态度。安全认知主要是研究培训、安全教育等措施对建筑工人认知的提升作用。上述研究方向可以总结为学者从认知视角对 CWUB 形成的原因、过程与结果的解释。

从时间跨度和主题数量上分析，建筑工人的认知行为研究还有很大的发展空间，现有研究还不足以完全解释 CWUB 的行为认知机理。因此，未来针对 CWUB 认知机理的研究可借鉴其他领域成熟的研究成果并结合自身的特点开展，力求取得开创性的进展以及形成较为完善的理论框架。

4　结　语

使用 CiteSpace 和 VOSviewer 对认知视角下 CWUB 研究从发文量趋势与来源、作者之间的合作、研究力量、关键词聚类及主题演进等方面进行了文献可视化分析，绘制了科学知识图谱，结论如下：

①认知视角下 CWUB 研究处于增长的态势,是国内 CWUB 研究的主要研究方向之一。

②对 CWUB 的认知研究处在理论和实践的探索阶段,尚未形成较为集中的研究趋势。研究作者之间的合作多以校内课题组的形式呈现,不同研究团体之间的联系不强。

③学者倾向于从认知角度运用建模技术研究不安全行为的产生及影响因素之间的关系,不安全行为认知机理、危险认知、安全认知是当前研究的热点。

④未来认知神经科学可能会成为认知视角下 CWUB 研究的有效切入点。此外通过与心理学实验、计算机模拟等方式相结合,多方位的提供证据支持,有利于全面把握不安全行为认知的本质过程。

参考文献

[1] LI H, LU M, HSU S C, et al. Proactive Behavior-Based Safety Management for Construction Safety Improvement[J]. Safety Science, 2015(75): 107-117.

[3] FANG D, ZHAO C, ZHANG M. A Cognitive Model of Construction Workers' Unsafe Behaviors [J]. Journal of Construction Engineering and Management, 2016, 142(9): 04016039.

[4] 何长全,贾广社,孙继德.建筑工人安全行为研究进展与展望[J].中国安全生产科学技术, 2018,14(5):188-192.

[5] 陈悦,刘则渊.悄然兴起的科学知识图谱[J].科学学研究,2005,23(2):149-154.

[6] 叶贵,付媛,王玉合,等.行为视角下基于 CiteSpace 的建筑安全研究综述[J].安全与环境工程,2019,26(4):127-134.

[7] 陈悦,陈超美,刘则渊,等.CiteSpace 知识图谱的方法论功能[J].科学研究,2015(2):242-253.

[8] VAN ECK N J, WALTMAN L. Software survey: VOSviewer, a computer program for bibliometric mapping[J].Scientometrics, 2010, 84(2): 523-538.

[9] 张力,赵星,叶鹰.信息可视化软件 CiteSpace 与 VOSviewer 的应用比较 [J].信息资源管理学报,2011(1):95-98.

[10] 来延肖,张梦鸽,徐晟.施工人员安全态度及其组分对行为的影响[J].土木工程与管理学报,2019,36(2):74-80.

[11] 胡盼.建筑企业安全教育培训对农民工安全行为影响的实证研究[D].长春:吉林大学,2018.

[12] 李杰,李平,谢启苗,等.安全疏散研究的科学知识图谱[J].中国安全科学学报,2018,28 (1):1-7.

[13] 李其维."认知革命"与"第二代认知科学"刍议[J].心理学报,2008,40(12):1306-1327.

[14] 李红霞,田辰宁.基于 Cite Space V 的煤矿安全管理可视化分析[J].中国安全科学学报,2018,28(9):148-153.

[15] 李杰,陈超美.CiteSpace 科技文本挖掘及可视化[M].北京:首都经济贸易大学出版社,2017.

[16] 张孟春,方东平.建筑工人不安全行为产生的认知原因和管理措施[J].土木工程学报,2012,45(S2):297-305.

[17] 韩豫,尹贞贞,刘嘉伦,等.建筑工人的危险认知偏差特性及成因[J].土木工程与管理学报,2019,36(5):56-61.

[18] 王世明,李彩云.中小型城市建筑工人安全认知与行为研究[J].工程管理学报,2019,33(1):123-128.

[19] 陈伟珂,王炳淳.基于 SEM 的地铁施工不安全行为与认知关系的研究[J].中国安全生产科学技术,2015,11(3):154-160.

[20] 刘嘉伦,韩豫,张泾杰,等.不同工龄建筑工人危险认知的结果差异[J].土木工程与管理学报,2018,35(2):175-180.

[21] 马灵,王斯琦,骆汉宾,等.建筑工人对个人劳动防护用品安全态度的研究[J].土木工程与管理学报,2013,30(3):92-96.

[22] 仇国芳,鱼馨水.基于粗糙集的建筑工人安全认知提升策略研究[J].工业工程与管理,2019,24(4):120-127.

收稿日期:2020 年 3 月 22 日。

基金项目:国家自然科学面上基金资助《基于脑神经实验的建筑工人不安全行为的心理感知偏差致因机理研究》(71972020);

重庆市研究生科研创新项目《基于量化分类的建筑工人不安全行为致因机理与治理研究》(CYS20036)。

作者简介:叶贵,男,1976 年,四川三台人,博士,教授,博士生导师,主要研究方向为建筑安全、健康城市等。

李学征,男,1996 年,江苏徐州人,硕士研究生,主要研究方向为建筑安全管理。

向卿婷,女,1994 年,博士研究生,主要研究方向为建筑安全。

张悦,女,1996 年,山东青岛人,硕士研究生,主要研究方向为建筑安全。

第三届中国镇长论坛综述

本刊编辑部

      重庆大学可持续建设国际研究中心发起并创办的"中国镇长论坛"是国内首个学界与乡镇基层政府的交流平台,该论坛为从事实际工作的镇长和专家学者提供了重要的交流平台。首届论坛于 2017 年举办,每两年举办一次。论坛的举办在全国范围特别是在西南地区取得了较大的影响力,获得了良好的社会反响,在乡村振兴的背景下具有重要的社会意义。

      党的十九届五中全会指出,要坚持把解决好"三农"问题作为全党工作重中之重,走中国特色社会主义乡村振兴道路,全面实施乡村振兴战略,强化以工补农、以城带乡,推动形成工农互促、城乡互补、协调发展、共同繁荣的新型工农城乡关系,加快农业农村现代化。而小城镇作为农村到城市的过渡,其可持续发展是实现小康社会、实现农业现代化、解决"三农"问题的必经之路。为深入贯彻落实十九大精神,大力推进"乡村振兴"战略,进一步加快推动我国小城镇建设,结合前两届论坛成功举办的宝贵经验,由重庆大学主办、重庆大学可持续建设国际研究中心承办的第三届"中国镇长论坛"于 2021 年 5 月 30 日召开。全国各地的乡镇工作人员以及西南大学、香港理工大学、浙江财经大学和重庆大学的专家学者汇聚一堂,通过线上和线下两种渠道共同探讨乡村振兴的现状和前沿问题,为小城镇发展提供新思路和新途径,为产学研的对接合作搭建平台,为实践我国小城镇可持续发展出谋划策。本次镇长论坛包括镇长论坛、专家论坛、圆桌论坛三个交流讨论环节。

      镇长论坛环节邀请两位嘉宾做经验分享。贵州省湄潭县农村改革试验工作中心主任罗国波以"深化农村改革试验,赋能乡村振兴"为题,分享了贵州省湄潭县农村改革试验区的故事。罗国波就目前取得重要成果的四项重点改革进行了详细介绍,包括"增人不增地,减人不减地""户户减负,均衡减负""集体建设用地同国有建设用地同等入市""确员定股东、确权定资产、确股定归属、确管定经营、平台定市场"的农村集体产权制度改革工作。江西省安远县孔田镇党委书记罗全发以

"以党建引领乡村振兴,用实干绘就'五美'乡村"为题,介绍并分享了孔田镇实施乡村振兴战略的实践方法与思考,从孔田镇实施乡村振兴战略的各个阶段进行了解读,强调抓乡村振兴必须"从物的农村向人的农村转变""从政府专治向五治融合转变""从正向思维向逆向思维转变""从建设新村向城乡联动转变"。

专家论坛环节有三位专家做主题报告。西南大学的资深教授邱道持以"长江经济带乡村振兴地理阐释"为题,从地理科学阐释的切入点、长江经济带地理学特征、乡村振兴的着力点以及乡村振兴的落脚点四个方面出发分享了对长江经济带地区乡村振兴的看法和认识,强调了人地关系、空间格局和因地制宜的区域治理是乡村振兴的主要切入点。香港理工大学的黄小慧教授以"中国城乡关系的历史考察与治理创新探索"为题,从历史视角研究了城乡关系,追溯了中国城市的起源及其与乡村地区的关系,解剖了中国城乡关系的变迁,有效提炼出了有关"城市化"及"城乡规划"的新观点,强调对历史经验和智慧的借鉴是实现城乡可持续发展的重要措施。重庆大学管理科学与房地产学院的周滔教授以"信息化驱动下的乡村发展:现象、机理与趋势"为题,通过实地调研乡村发展现状,指出现实中还存在大量被信息时代发展遗忘的普通乡村,并引出了"新时代下乡村如何抓住数字红利,弥合数字鸿沟"的思考,从而实现就地城镇化,同时强调乡村城镇化发展应建立在良好的生态环境之上,将"就地城镇化""信息化""生态环境"有机整合起来,实现信息化背景下我国乡村发展的"破局"。

圆桌论坛讨论中,四川省巴中市光雾山镇镇长熊静芳、湖北省英山县金铺镇镇长胡凤平、贵州省湄潭县农村改革试验中心主任罗国波积极发言,重庆大学的蔡伟光教授和周滔教授以及浙江财经大学的彭毅教授等与会专家热烈互动,在乡镇治理、乡镇建设、基层应急方面进行了思想碰撞。

在闭幕式上,重庆大学可持续建设国际研究中心主任申立银教授进行了总结发言,对各镇长及专家给予论坛发展的积极支持表示感谢,并承诺镇长论坛将继续不忘初心,挖掘更多专家参与,为镇长们提供更好的交流机会。